部活動指導員ガイドブック

［応用編］

藤後悦子/大橋 恵/井梅由美子

編著

ミネルヴァ書房

はじめに

　本書は、『部活動指導員ガイドブック［基礎編］』に続く［応用編］です。［基礎編］では、学校の一員としての部活動指導員の位置づけや心構えを中心に説明してきました。多くの方々から「学校設置者による研修や学校内での研修などで活用することができる内容」とご好評をいただき、私たちの大いなる自信となりました。この『部活動指導員ガイドブック』は、「部活動指導員」に関するはじめてのガイドラインを示したものといえるでしょう。

　さて、部活動指導員の制度は、2017年度4月から施行され、今年で5年目になります。全国の自治体を中心に部活動指導員制度は広がりを見せつつあるものの、2020年からのCOVID-19の影響で多くの部活動は活動を縮小せざるを得ず、部活動ができない時期も続きました。部活動が再開されたとき、子どもたちはどれほど嬉しかったことでしょう。子どもたちの笑顔は忘れがたいものです。期せずして、部活動への参加を制限されたからこそ、子どもたちにとって、そして指導者にとって部活動の意義を見直すきっかけになったことでしょう。

　部活動が制限され子どもたちが葛藤する中、彼らに大きな影響を与えたものとして夏季の東京2020オリンピック・パラリンピック競技大会や冬季の北京2022オリンピック・パラリンピック競技大会が挙げられます。子どもたちと同じように活動制限がなされる中で、困難や葛藤を抱えながらも夢を諦めず目の前のできることを一歩ずつ積み重ね目標に向かっていく選手たちの姿、オリンピック開催を目指して努力し支え合う関係者やボランティアの皆さんの姿から多くの学びを得たことでしょう。

◆オリンピック憲章から学ぶ

　次に示す「オリンピック憲章（2020年版）」（公益財団法人 日本オリンピ

ック委員会、2020）の下線部（筆者加筆）の内容は、まさに運動部か文化部かにかかわらず部活動においても当てはまる内容です。

　「オリンピズムはスポーツを文化、教育と融合させ、生き方の創造を探求するものである。その生き方は努力する喜び、良い模範であることの教育的価値、社会的な責任、さらに普遍的で根本的な倫理規範の尊重を基盤とする。」「オリンピズムの目的は、人間の尊厳の保持に重きを置く平和な社会の推進を目指すために、人類の調和のとれた発展にスポーツを役立てることである。」

　このように子どもたちがあこがれる「オリンピック」は、金メダルを取ることが目的ではなく、平和な社会の実現や生き方の創造などを目指すものなのです。部活動においても、この精神は忘れてはならないと思います。

◆学園祭での部活動指導員シンポジウム開催を経て

　さて、私たちは本書を執筆するにあたり、子どもたちの声に耳を傾けようと思い学園祭で「部活動シンポジウム」を企画しました。シンポジウムでは吹奏楽部、野球部、テニス部経験者などに自身の体験と部活動の指導者に期待することについて話してもらいました。学生が語ってくれた内容は、部活動の充実した思い出と共に、いわゆるハラスメントと思われるエピソードが多くありました。彼らが指導員に望むことは、「ひいきをしないでほしい」「一人ひとりを見てほしい」「指導者同士で情報共有をしてほしい」「怒鳴らないでほしい」「物を投げないでほしい」などの切実な声でした。本書を手にする部活動指導員の方には、ぜひこのような学生の声に耳を傾けていただきたいと思っています。

◆応用編の構成にあたって

　［応用編］では、私たち編著者３名が子育てや臨床活動で学校現場に携わる中で、気になっていた課題を取り上げました。特に中学校、高等学校は子ど

もたちにとっては思春期となり、身体も心も大きく変化する時期です。この時期に多くの時間を過ごす部活動では、友だちとの強い絆が培われると同時に、さまざまなトラブルも頻発します。そこで［応用編］では、子どもたちの心と身体の両面に焦点を当て、多方面の専門家にご執筆いただいています。

　［基礎編］に引き続き、執筆者は実際に専門性をもってフィールドで活動されている方を中心にお願いしました。精神科医、弁護士、公認心理師、スポーツメンタルトレーニング指導士、栄養士、フィジカルトレーナー、教育相談員、スクールカウンセラー、アダプテッド・スポーツの指導者、多文化教育研究者、教育学者などにご参加いただきました。各章では、心理学のみならず、医学、健康学、体育学、栄養学、法学、教育学、社会福祉学など幅広い視点から切り込んでいます。そして、最後に世界の部活動について藤後と大橋が実際に現地に足を運びながら得た情報を紹介しています。日本の部活動の独自性を考えるきっかけとして、幅広い視野から部活動について考えていただければ幸いです。

　現在、部活動については多くの議論がなされています。今後日本の部活動は、部活動指導員制度が拡大され地域の人材を取り込みながら学校主体で運営されるのか、活動場所や運営そのものが地域主体となるのか、現時点では分かりませんが、地域人材としての部活動指導員への期待はゆるぎないものでしょう。だからこそ部活動指導員の皆様には、幅広い知識と多様性を受け止める力を身につけていただきたいと思っております。部活動指導員の先生方との出会いが子どもたちの夢を大きく膨らませ、部活動の時間が子どもたちにとってかけがえのないひとときとなることを願っています。

　最後になりますが、［基礎編］に引き続き本書もエディット様に大変お世話になりました。丁寧に原稿をチェックしていただき、改善のアドバイスをたくさんいただきました。またミネルヴァ書房様には出版の機会をいただきました。記して感謝いたします。

執筆者代表　藤後悦子

第1章 チームビルディング

学習のポイント
- 部のチームビルディングの重要性を理解する
- チームビルディングの方法について理解を深める
- 主体性のあるチームづくりについて考える

　中学校・高等学校時代の思い出に部活動を挙げる人は多いですが、部活動といえば、「仲間」ではないでしょうか。部活動に参加する生徒は複数であり、校内でもっとも親しい人たちになることも少なくありません。

　入部当初にはバラバラだった部員たちが、一緒に楽しい活動に、熱心に打ち込んだ結果として、「仲間」になっていく。自然にそうなるケースが多いとは思いますが、うまく進まない場合や、うまく入れない生徒が出ることもありますし、活動していくうちに思わぬトラブルが起こることもあります。

　部員たちの間に集団としての絆づくりをサポートするのも、部活動指導員の仕事です。[応用編] 第1章である本章では、**チームビルディング**について扱いたいと思います。

1 部活動という集団

　私たちは、学校の教室・職場、街中の雑踏などでリアルに、インターネットやSNSのつながりの中などでバーチャルに、多くの人たちに囲まれて生活しています。この意味で人間は社会的な生き物だといえるでしょう。そして、多くの人たちはバラバラではなく**集団**になっていることも多いものです。

ここではまず、集団とは何かから始め、部にはどのような特徴があるのかを確認していきましょう。

■1 部はどのくらい「集団らしい」？

中島他編『心理学辞典』（1999）で「**集団**」を引いてみました。すると、「集団」とは、「①その人々の間で持続的に相互作用が行われ、②規範の形成がみられ、③成員に共通の目標とその目標達成のための協力関係が存在し、④地位や役割の分化とともに全体が統合されており、⑤外部との境界が意識され、⑥われわれ感情や集団への愛着が存在する、といった諸特性を有する」2人以上の集合体とされています（385頁）。ただし、それぞれの特性を保有する程度には集団によって差があり、6つの特性すべてを完全に備えている必要はないとされます。

一方、どこからどこまでという範囲が明確ではなく、また、全体の統制もとれていない人の集まりは集合・群衆と呼ばれ、集団とは区別されます。例えば、同じバスに乗り合わせた人々や、何かのイベントに集まった参加者たちが集合の例です。

学校の部もまた集団の一つであるわけですが、集団としてどのような特徴があるでしょうか。先ほどの定義に沿って見ていきましょう。

まず、一度入部すると年単位で付き合うことになるので①には該当、部なりにルールがあるので②も該当します。③は部によって程度が異なると思いますが、大会・試合などで勝つことだったり、文化祭で賞を取ることだったり、趣味を深めることだったり、何らかの共通の目標があることが考えられますので該当すると判断してよいでしょう。ただし、全部員でこの目標が完全に一致しているかどうかは分かりません。部内には、生徒と指導者（顧問、部活動指導員を含む）、部長・主将・会計・平部員などといった地位や役割があるので、④は該当します。そして、「サッカー部の鈴木」のような呼び方をするように、所属している部がクラス以上のアイデンティティになる現状を考えると、⑤と⑥も該当す

ると考えてよいでしょう。このように考えると、辞典にある特徴の多く
を持っているという意味で、部は典型的な**集団**であるといえます。

　ちなみに、典型的ではない集団の例として、友人集団が挙げられます。
いつもつるんでいる友人集団といわれれば、容易にメンバーの顔は思い
浮かぶものの、規範はあまり明確ではありませんし（②）、協力的では
あっても共通の目標があるとはいいにくく（③）、地位もはっきりして
いないケースが多いのではないでしょうか（④）。

② 部の構成メンバー

　次に、部活動の特徴を考えるために、構成メンバーを見ていきましょ
う（図1-1）。まず、生徒たちは3学年にわたります。成人すれば小
さな差ですが、学生時代における1学年の差は大きく、部によって程度
の差があるものの「先輩」「後輩」として上下関係が存在します。それ
から、顧問と部活動指導員という大人たちがいます。部によっては顧問
が複数いて、主顧問と副顧問という立場の違いがあるケースもあります

図1-1 部の構成メンバー

筆者作成

3

し、逆に顧問はおらず部活動指導員に任されているケースもあります。

　部の活動方針や実際の活動内容を決めている者が誰かという点については、学校や部による差が大きいようです。多くが顧問の意向で決まる部もあれば、顧問は活動内容にはほとんど口出しせず試合や合宿に付き添う人であるという認識の部もあります。ともあれ、部という集団の中に地位や役割の異なるさまざまな人が参加していることが分かります。

③　部活動の目標

　部活動の目標は何でしょうか。『部活動指導員ガイドブック［基礎編］』（以下、［基礎編］）で紹介されていたように、部活動とは**学習意欲**の向上や**責任感・連帯感**の育成といった**学校教育**の目標に貢献するような、学校教育の一環としての活動です。

　部活動という集団の目標はいろいろあると思われます。ただ、大きなものとして、メンバーたちが興味・関心のあるその分野についてそれぞれ何らかの成長を遂げること、そして、その過程でチームとして助け合って高め合う経験をすることが大切なのではないかと思います。前者の話は［基礎編］やこの後の章で扱いますので、本章では後者の話をしたいと思います。

2　集団の心理（凝集性）

　集団になると、個人のときとはさまざまに行動が変わることが分かっています。個人の努力が分かりにくい共同作業で手を抜きやすくなる（社会的手抜き）、一緒に何かをしている（例えば、それぞれが自分の割り当て部分を作る、それぞれで素振りをしているなど）ときはむしろ気分が乗って効率良く頑張れる（社会的促進）、他の人の言動が正しいと思ってはいなくても同じことをついしてしまう（同調）、などです。

１　凝集性とは？

　個人として優れている人たちでもチームとしてはイマイチだったり、それとは逆に、個人として抜きん出た人がいないのにチームとしては素晴らしかったりすることがあります。チーム・集団にまとまりがあることを、「**チームワーク**が良い」とよく表現します。チームワークがしっかりしていれば、そのチーム・集団の目標を達成するために必要な協同作業をスムーズに行うことができるので、チーム・集団としての強さにつながるでしょう。

　チームワークあるいは集団としてのまとまりのことを、心理学では「**集団凝集性**」と呼びます。集団凝集性は、「集団のメンバーが集団に対して持つ魅力」とも表現され（ホッグ著／廣田・藤澤監訳、1994、38 頁）、集団のなすべきことに対しての魅力である課題凝集性と、集団内の人間関係に対しての魅力である社会凝集性の 2 つの面を含んでいます。

２　凝集性のはたらき

　集団凝集性は、集団全体や個人の出来や満足感に影響するといわれていますが、その集団の成功欲求や集団の能力などを受けて変化します。多くのスポーツチームを見ると、いわゆる強いチームは集団凝集性もまた高いものです。これは、凝集性が高いから出来が良くなるという方向よりは、出来が良いと凝集性が高くなるという方向性の方が強いようです。ただ、集団凝集性が高まると、集団効力感（集団として何がどの程度できるかという見込み）が高まり、その結果として出来が上がると考えられますので、凝集性を高めることにも意味があります。凝集性が高いと、集団としての動機づけが高い、チームの出来やチーム自体への満足度が高い、社会的手抜きが起こりにくい、チームからの脱落者が少ない、心理的適応感が高いなどの良いことが多いことが示されています（ハガー・ハヅィザランティス著／湯川・泊・大石監訳、2007）。

　それでは、凝集性すなわちチームワークはどのようにすれば向上する

のでしょうか。チームワークを向上させる具体的な試み（**チームビルディング**）はいろいろ開発されています。集団目標を話し合わせたり、グループで問題解決を行わせたり、コミュニケーションと協力行動を活性化させるゲームを行ったりする方法が一般的です（津村・山口、1992）。部活動指導員がまずできることとして、部活動目標の設定について見ていきます。

3 部活動の目標

　多くの部には、その部内での決め事があるものです。例えば、時間を守ることや活動に懸命に取り組むこと、フェアプレーの精神、さらには、練習や道具の準備などの手順、部活動中にやってはいけないこととやるべきこと、先輩後輩関係の在り方、服装など多岐にわたるこれらの決め事は、**集団規範**と呼ばれます。

1 集団規範

　集団規範には明示的なものもあれば、暗黙のものもあり、どのような行動がその集団内で受け入れられるのかを示します。例えば、活動時間の 5 分前に集合する、 1 年生が後片付けをする、練習には半そでシャツで参加するなどです。これがあることで、メンバーたちは集団としての行動や考え方の基準を知ることができます。

　集団規範は個人の行動に大きな影響を与えます。なぜなら、部員であるということがアイデンティティに重要な意味を持つため、規範に従うことで、部に受け入れられたいという心理がはたらくからです。そして、皆が規範に従うことで、部に引き込まれていき、その結果として集団凝集性を上げる効果が見込めるのです。

　つまり、集団に規範があると、集団が集団として維持されやすく、生

産性を高めていく上で効果的です。指導者は、部の規範を、集団の団結と凝集性を高め維持するために使うことができるでしょう。

　集団規範は一般にその部に受け継がれているものですが、指導者が影響を及ぼす部分もあります。なぜなら、部活動集団の具体的な目標が部の規範に否応なく影響するからです。

　部活動集団の具体的な目標づくりは、原則として顧問の責任範囲ですが、顧問がいない場合や顧問から目標づくりを任される場合もあります。

　部活動の場合、勝利を目指すのか仲良く活動すること自体を目指すのかで方向性が分かれることが多いようです。何事においても「勝利」あるいは「優秀さを認められること」は素晴らしいことで、それらを目指して工夫や努力を重ねることにより成長があります。一方、学校の部活動の場合、多様なニーズを持った生徒が参加していることが多いため、「勝利」や「優秀さ」だけを目標としてしまうとつらい気持ちになる生徒が出てしまうことが多いのも現実です。

② 動機づけ雰囲気

　ここで皆さんには、部のリーダーとして部活動の目標をどこに置くのかを考えてほしいと思います。個人が認識する、集団に存在する目標の構造あるいは目標の志向性のことを、**動機づけ雰囲気**といいます。ドュエック（Dweck, 1986）などが提唱したもので、練習や努力を重視し個人のスキルの向上などを目標とする**マスタリー目標**（mastery goal）と、能力を重視し最終的に高い評価を得ることを目標とする**パフォーマンス目標**（performance goal）に大別されます。これは部活動指導場面にも応用が可能です。

　マスタリー目標を持つ指導者は、記録や成績にかかわらず頑張った生徒を褒めます。そのような部では、勝敗や記録よりも頑張る人が大切にされ、皆がうまくなるように互いに助け合ったり、励ましたりするようになります。また、上手下手にかかわりなく、部員皆が平等であり、意

見が言いやすい状態です。体育の授業での研究ですが、クラスのマスタリー目標が強いと感じる生徒たちは練習に一生懸命に取り組み、授業中に緊張や不安を感じることが少なく、意欲が高い傾向があった一方、パフォーマンス目標が強いと感じる生徒たちは、不公平感を持ちやすく、緊張や不安が高く、意欲が低い傾向がありました（Papaioannou, 1994）。さらに、スポーツ指導関係のデータですが、実際に、指導者がマスタリー目標を持っていると考える程度が、生徒たちの適応的な動機づけと関係していることが示されています。例えば、楽しみと満足感、自己効力感、成功の努力への帰属、問題に焦点を当てた解決方法などと関係していました（ハガー・ハヅィザランティス著／湯川・泊・大石監訳、2007）。

　一方、**パフォーマンス目標**を持つ指導者は、良い記録や成績を出した生徒を褒めます。そのような部では、努力よりも最終的にできるかどうかが重視され、上手な人・できる生徒の発言権が強くなります。生徒たちはミスを恐れ、練習や活動に真剣に取り組むでしょう。指導者がパフォーマンス目標を持っていると考えるほど、メンバーたちは心配とストレスが高く、他者との比較を行いがちで、成功の原因が能力の高さにあると考える傾向が見られました（ハガー・ハヅィザランティス著／湯川・泊・大石監訳、2007）。

　なお、努力や成果を褒めたいと考えたときに、物理的な報酬は生徒の**内発的動機づけ**（いわゆる意欲のこと）をダメにしてしまうため注意が必要です。デシとライアン（Deci et al., 1999）は報酬の与え方に関する興味深い実験から、褒める・頭をなでるなどの精神的な報酬は動機づけを下げませんが、物やお金を渡す物理的な報酬はたとえ褒めるという意味を込めたとしても内発的動機づけを下げてしまうことを示しています。

③　外発的動機づけは常に悪？

　このように考えると、前に述べたパフォーマンス志向の動機づけは、

「パフォーマンス」あるいは「成績」という報酬のために、また部活動指導員から怒られないために頑張ろう、という**外発的動機づけ**にあたるので、練習そのものの楽しさにつながらずストレスになってしまうと考えられます。

　ただし、［基礎編］第5章にも書かれている通り、外発的動機づけが常に悪いわけではありません。競技で勝つ、という「報酬」のために練習していった結果、練習そのものが楽しくなることもあるでしょう。ここでのポイントは、勝つことを「押しつけられた」のではなく、「自分で決めた」目標として設定している点です。「自分で決めた目標を達成するために頑張る」という動機づけは「同一化的調整」と呼ばれ、しばしば内発的動機づけと合わせて**自律的動機づけ**と呼ばれます。つまり、パフォーマンス目標も、「部活動指導員から押しつけられた」目標ではなく、部員一人ひとりが自分で決めた目標であれば、決して悪いものではないのです。

4　リーダーシップ

1　リーダーシップとは

　リーダーの機能は、部活動において部員が感じる適応感（うまくやっているという思い）を高めるために、とても重要です（吉村、2010）。ここでは、リーダーが持つ**リーダーシップ**について紹介していきます。

　中島他編『心理学辞典』（1999）によると、**リーダーシップ**は「"集団"の目標達成、および集団の維持・強化のために成員によってとられる影響力行使の過程」（881頁）と定義されます。心理学では古くから、このリーダーシップに関する研究が行われてきました。どのようなリーダーシップが部活動において効果的か見ていきましょう。

2 リーダーシップのバリエーション

　リーダーシップ研究において代表的なのは、リーダーを、その行動傾向によって、いくつかのグループに分類する研究です。例えば三隅の**PM理論**では、P（performance）機能、つまり目標達成のためにメンバーに指示を出す機能と、M（maintenance）機能、すなわち人間関係維持の機能、のどちらも高いPM型のリーダーのもとでは、もっとも作業効率が良く、集団の雰囲気も良いとされています（三隅、1978）。

　PM理論は更に発展し、リーダーの行動に関して、「**圧力**」「**技術指導**」「**人間関係調整**」「**統率**」の4つの因子を測定する尺度が開発されました（吉村、2005a）。「圧力」とは、プレイ内容などを厳しく命令したり注意したりする行動です。「技術指導」は、技術やコツを上手に教える行動、「人間関係調整」は、部員の悩み相談に積極的に乗るといった行動、「統率」は、部全体をうまくまとめる行動です。この「技術指導」「人間関係調整」「統率」は、まとめて「**積極的指導**」と呼ばれ、「圧力」の高低 × 「積極的指導」の高低で、リーダーを4つの類型に分類する方法が提案されています（**表1-1**）。そして、中学校の運動系部活動の部員を対象にした調査では、部活動への積極的行動や満足度、部の仲間関係への満足度が、

表1-1 圧力 × 積極的指導の高低によるリーダーの類型

		積極的指導	
		高	低
圧力	高	圧力高積極的指導群 （熱心かつ厳格な指導）	圧力高消極的指導群 （指導は消極的だが厳しく注意し管理）
	低	圧力低積極的指導群 （熱心に指導するが厳格ではない）	圧力低消極的指導群 （熱心さも圧力も低く、リーダーシップを遂行していない状態）

※吉村斉「運動系部活動における利己的表現と主将のリーダーシップの関係」（『心理学研究』75巻6号、pp. 536-541、2005年）をもとに筆者が作成した。

「圧力」も「積極的指導」も高いリーダーのもとで高くなる傾向が見られました（吉村、2005a）。

このように書くと、前節の内容と矛盾しているように感じるかもしれません。前節では、**パフォーマンス目標**を重視するリーダーのもとでは、部員たちは萎縮してしまう、と書かれていたからです。しかし、ここでいう「圧力の高い積極的指導」を行うリーダーとは、単にミスをした部員を叱りつけるリーダーではありません。「**積極的指導**」には人間関係調整も含まれているからです。厳しく接しながらも部内の人間関係に気を配り、時には優しい言葉もかけてあげるような指導が、「圧力の高い積極的指導」なのです。

❸　部員のパーソナリティと効果的な指導の関係

ただし、実は近年、どのようなリーダーの在り方が効果的かは、部員の**パーソナリティ**（性格）によっても変わることが知られています。例えば吉村（2005b）は、**利己的表現**、つまり友人の中での自己中心的態度が高い部員は、圧力低消極的指導群のリーダーへの満足度が高いこと、逆に利己的表現が低い部員は、圧力高積極的指導群のリーダーへの満足度が高いことを示しました。友人関係の中で自己中心的な人には、あまり熱心な指導をしないリーダーが向いていて、自己中心的でない人には、多少厳しくても熱心な指導が向いている、ということです。

別の研究（外山・湯、2019）では、主将が積極的指導を多く行う部では、**自律的動機づけ**が高い部員ほど部の雰囲気への満足度が高い傾向が見られましたが、積極的指導を行わない主将の部では、部員の自律的動機づけと部の雰囲気への満足度には関連が見られませんでした。部員に自律的な意欲があったとしても、リーダーが積極的指導をしない部であると部活動への満足度にはつながらないこと、また逆に、いくらリーダーだけが積極的指導を行っていても、部員たちに自律的な意欲がなければ良い結果にはつながらないことが分かります。

4 部活動指導員のリーダーシップ

　ここで挙げたのは、ほとんどが「主将のリーダーシップ」に関する研究で、部活動指導員のリーダーシップに着目した研究はまだあまり行われていません。しかし、こうした研究からは、①部活動指導員は技術指導や目標達成だけでなく、部員同士の人間関係の維持にも努める必要があること、②部員に自己中心的な人物が多かったり、部員の自律的な意欲が低かったりする場合、どんなに熱心に指導をしても効果的ではないこと、が分かります。部員たちのパーソナリティを見極めてから指導に取り組む必要があるといえます。

5　自主性のあるチーム

■　「厳しさ」と「自主性」のバランスの難しさ

　「部活動の指導はどのくらい熱心に、厳しく行うべきか」「部員たちの**自主性**に、どの程度任せるべきか」、頭を悩ませる部活動指導員や顧問の教員は多いようです。小谷・中込（2012）のインタビュー調査によると、ある運動系部活動の顧問は、自分の理想に向かって厳しい練習を課した結果、休む生徒が多くなり、また、生徒が練習を嫌々やっているように見え怒ってばかりいた、と述べています。そして、部がつぶれてしまっては終わりだ、と考え部員に任せることにしたが、次第に顧問としてのやる気がなくなっていってしまった、といいます（小谷・中込、2012、19 頁〈事例 A〉）。また、別の顧問は、生徒たちの怠惰な活動態度が改善されず、最終的に、指導に従わないのであれば退部させる、という勧告をしたといいます。結果、生徒たちは退部することなく部に残ったが、それ以降生徒たちとの会話が少なくなってしまった、と述べています（小谷・中込、2012、23 - 24 頁〈事例 G〉）。これらは部活動指導員の持つパフォーマンス目標や積極的指導に、部員たちがついていけなくなってしまった例だといえます。

　その一方で、ある高等学校の伝統ある陸上競技部を対象としたインタビューでは、成績志向型の厳しい指導をしてきた前顧問から、自主性を重視する新顧問に変わったことで、「上級生の中には、そのことについて物足りなさのようなものを感じている人もいた」（下竹、2015、229 頁）といった声も聞かれます。

■　「部員が決める」ことが重要

　近年、部活動における行き過ぎた指導や体罰を批判する声が高まったことで、部活動における厳しい指導やパフォーマンス目標と「自主性」が、

いわば相反するものとして見られ、自主性に重きを置くべきだ、という意見にシフトしてきたと指摘されています（下竹、2015；2019）。しかし上記の事例からは、厳しい指導やパフォーマンス目標をすべて排除することを、部員たちが望まないこともあることが分かります。

　厳しい指導と**自主性**のバランスをとるために、部活動指導員が重視すべき点は何でしょうか。それは、そのバランスを、部員たちが自分で決めることなのではないでしょうか。

　上で挙げた、小谷・中込（2012）の事例Aにおける顧問は、その後、あまり口出しせずに見守っていると、次第に部員の方から相談してくる回数が増えていき、部の雰囲気が良くなった、と述べています。そして、勝てなくても、部活動が続けられる状況をつくればよいと考えが変わったといいます（小谷・中込、2012、19 - 21頁〈事例A〉）。

　下竹（2015）の陸上競技部においても、上級生による下級生への「シメ」などの伝統も「必要なもの」として残す一方で、部員たちの話し合いによって、伝統に反した民主的な方法でキャプテンの選抜を行うなど、自主性を重視したことによる変化も見られた、と報告されています。

　これらの2つの事例で共通しているのは、勝ちにこだわらないことも、逆に競技技術を上げるために厳しい指導や伝統をある程度残すことも、すべて部員たち自身で決定していることです。練習を部活動指導員から押しつけられるわけでも、かといって放置されるのでもなく、部員たちが自ら決定したバランスがあるチームこそが、自主性のあるチームといえるのです。

6 アクティブ・ラーニングを用いたチームづくり

1 「部員が決める」ための具体的な方法

　部員たちで厳しい指導と自主性のバランスを決めるにはどうすればよ

いのでしょうか。筆者は、**アクティブ・ラーニング**にそのヒントがあると考えます。アクティブ・ラーニングとは、知識を習得する時間と活動の時間とを組み合わせ、単なる知識の習得だけでなく、知識の活用、理解の表現も行う授業形態のことです（溝上、2014）。近年、小中学校等の授業において、このアクティブ・ラーニングが取り上げられています。

　アクティブ・ラーニングという言葉自体は最近生まれたものですが、実は部活動では古くから、アクティブ・ラーニングが行われています。例えば、「練習メニューを話し合いで決める」ことは、グループディスカッションというアクティブ・ラーニングの一つです。上級生が下級生に指導やアドバイスをすることも、「教え合い」というアクティブ・ラーニングの一つです。

2　リーダーシップ教育

　これらの他にも近年、アクティブ・ラーニングの一環として**リーダーシップ教育**を取り入れる学校が増えています（中原監修／高橋・館野編著、2018a）。部活動にリーダーシップ教育を取り入れた事例はまだあまりありませんが、このリーダーシップ教育は、部員一人ひとりが自主性を持ったチームづくりにヒントを与えてくれると考えられます。

　リーダーシップ教育の特徴は、大きく分けて2つあります。第一に、「リーダーとは、カリスマ性がある一部の人だけがなるものではなく、誰もがリーダーとしてチームに貢献できる」ことを強調している点です。第二に、「一人ひとりの強みを生かしたリーダーシップを伸ばす」ことを目指している点です。先頭に立って他の部員に指示を出す人だけがリーダーなのではなく、一歩引いた場所から部全体を見渡しリーダーを支える人、練習中のムードメーカーになる人も、またそれぞれリーダーなのです。このようなリーダーシップの考え方は、先述した従来のリーダーシップとは異なるもので、「シェアド・リーダーシップ」とも呼ばれます。リーダーシップ教育で、「すべての人がリーダーなのだ」と伝

えることで、周りの人を引っ張っていく性格ではなかった部員も、自分の強みを自覚し、主体的に動く意欲を高めることができるのです。

リーダーシップ教育では、まず部員一人ひとりが自身の強みを知り、自分はどのような形でチームに貢献できるかを考えることが重要です。そのためには、部員同士の**自己開示**や**相互フィードバック**が必要です。例えば一度競技や練習を離れて、部員同士がじっくりとお互いの考えていることを話し合う機会を設けるのも良いでしょう。また、自分の強みは自分には見えていないものです。部活動指導員が声かけをし、いわゆる従来のリーダータイプではなかった部員にも、その部員なりのチームへの貢献ができることを気づかせてあげることも非常に重要です。

実際のリーダーシップ教育は基本的に、①目標設定、②チームでの共同作業、③振り返りを繰り返すことで行われます。部員同士の話し合いにより目標を立て、実際に運用し、終わった後の振り返りで良かった点と悪かった点について話し合うのです。勝つことを目標とするのか、楽しむことを目標とするのか、という目標設定も、部員たちの話し合いで行われ、振り返りによって軌道修正されていきます。また、「自分はこのような形でチームに貢献しよう」という個人の目標設定や振り返りも行われます。この振り返りの場は相互フィードバックの場でもあるので、部員同士、自分で気づいていなかった強みや改善点に気づくきっかけにもなるのです。

こうしたリーダーシップ教育は、［基礎編］第7章にも出てきた、**目標設定理論**を応用したものです。目標を自ら立て、それを達成したという経験は、「努力すれば目標を達成できるのだ」という、努力への**原因帰属**につながります。うまく目標達成ができないときでも、チームによる振り返りの中で「やり方が悪かったのではないか」と考え、原因をやり方に帰属すれば、改善につながります。そうしたことの繰り返しによって目標が達成できれば、部員たちの**自己効力感**（自分ならできるという感覚）が高まり、自ら、チームに貢献できるように何かをしよう、と

思うようになるでしょう。これは、物理的な見返りを求めない**内発的動機づけ**です。つまり、アクティブ・ラーニングやリーダーシップ教育を部活動に取り入れることで、部員の自己効力感や内発的動機づけを高めることにつながるのです。

　こうしたリーダーシップ教育においては、部活動指導員はいわば「技術を教え、チームを見守る」リーダーであり、複数いるリーダー（部員）たちの一人となります。部活動指導員もまた、「時には厳しくカリスマ性を持った指導を行う」といった従来のリーダー像に縛られることなく、自分の強みを生かしたリーダーシップを発揮することが重要なのです。

コラム①　　リーダーシップ教育の事例

　この章の最後で、アクティブ・ラーニングの一環としてリーダーシップ教育を取り入れる方法について紹介しました。中原監修／高橋・館野編著『リーダーシップ教育のフロンティア［実践編］』（2018b）では、部員一人ひとりがリーダーシップを発揮するのに必要な環境づくりとして、「リーダーシップ発揮の必要性を組み込む」（70頁）こと、「挑戦をつくる・挑戦に本気にさせる」（69頁）ことが挙げられています。同書で事例として紹介されていた淑徳与野高等学校の剣道部では、練習の際、部活動指導員が頻繁に「この練習は何を目的にしていると思うか」を部員に問いかけるといいます。この問いかけにより、「練習をやらされる」は「目的を考えて自ら行う」に変わり、部員は主体的に練習を行うようになるのです。こうした問いかけは同書で、「リーダーシップ発揮の必要性を組み込む」（70頁）はたらきかけの一環として紹介されています。そして、問いかけに答えていくことで状況を把握する力が芽生え、部活動以外の場でも、そのとき行っていることの目的を考え自ら動けるようになった、という部員の声も報告されています。また、同書ではリーダーシップ教育のプログラムを紹介していますが、リーダーシップ教育は、取り入れやすいところから少しずつ取り入れていけばよい、とも述べています。この練習の目的を考えさせるような問いかけは、比較的すぐに取り入れることができるのではないでしょうか。

　中原監修／高橋・館野編著『リーダーシップ教育のフロンティア［実践編］』（2018b）における事例の淑徳与野高等学校剣道部の場合、勝ちだけにこだわらず、思い切り踏み込んで面を打つ、という美しい剣道を「淑徳与野の剣道」とし、部全体の目標にしています。これは、勝ちにこだわらないマスタリー目標といえ、同時に、勝ち

という分かりやすい形で見えるものではないので、部員にとっては「挑戦」となります。部活動指導員が「淑徳与野らしい剣道をしよう」という声かけを続けることで、部員たちにも「淑徳与野の剣道」への誇りが芽生え、主体的に練習に励むようになるのです。こういった、マスタリー目標をつくり声かけする姿勢は、同書で紹介されていたリーダーシップを発揮するのに必要な環境づくりの一つ、「挑戦をつくる・挑戦に本気にさせる」（69頁）ことであるといえます。

　この剣道部のように明文化できるマスタリー目標がない場合でも、部員を本気にさせるような挑戦の設定は可能だと思います。「難しい数小節をノーミスで弾く」「先週できなかったプレイを、必ず今週中にできるようにする」といったことも、立派な挑戦でありマスタリー目標であるといえます。心理学では、挑戦や目標の設定の際には個人のパーソナリティを考慮する必要があることが指摘されています。ある研究によると、楽観主義者の間では、失敗することへの恐怖が直接的に効果的な学習に結びついていたのに対し、悲観主義者の間では、失敗恐怖はマスタリー目標を介して効果的な学習に結びついていました（光浪、2010）。楽観的な部員の間では、失敗を恐れることが効果的な練習に直接つながるのに対し、悲観的な部員の間では、失敗を恐れているとき、マスタリー目標を高めることができれば効果的な練習ができますが、それができなければ良い練習ができなくなる、といい換えられます。つまりマスタリー目標は、特に悲観的で心配性な性格の部員が、効果的で主体的な練習を行うために重要なのです。部員のパーソナリティを変える必要はなく、また失敗を恐れることは必ずしも悪いことではありません。悲観的で心配性な部員が失敗を恐れて一歩を踏み出せないでいる場合、マスタリー目標に目を向けるよう導いてあげる、ということはできるのではないでしょうか。

● 次の**A〜F**の文章を読み、本文の内容と一致していれば○、一致していなければ×をつけましょう。

A 個人競技であっても、部活動としての集団を考える必要がある。

B 部の雰囲気に、部活動指導員が影響を与えることは少ない。

C 熱血リーダーは、どのような部活動においても必ずうまくいく。

D 成績や勝つことを重視する指導は、今の時代に合わないので行うべきではない。

E 楽しむことを目標とするのか、勝つことを目標とするのかの目標設定は、部員たちに主体的に行わせるべきである。

F リーダーシップ教育では、「一人ひとりが自分の強みを生かしたリーダーになろう」ということを強調する。

❷ 次の**A〜D**の文章を読み、「アクティブ・ラーニング」に関する記述として適当なものには○、適当でないものには×をつけましょう。

A 身体を動かしながら行う授業形式である。

B 日本の部活動でも、アクティブ・ラーニングといえるような活動が、古くから行われてきた。

C 単なる知識の習得だけでなく、グループディスカッションや学生同士の教え合いなどの活動を通し、生徒が主体的に学習できるよう促す授業形態である。

D 知識の習得は必要とせず、生徒同士が自由に活動する授業形式である。

第2章 メンタルトレーニング

学習のポイント

● メンタルトレーニングについて説明と指導ができるように
なる
● メンタルトレーニングのスキルを使えるようになる

1 メンタルトレーニングとは

　メンタルトレーニングという言葉が、一般的に用いられるようになってきました。メンタルトレーニングがもっとも行われているのは、スポーツの場面です。しかし、メンタルトレーニングは、スポーツ選手だけのものではありません。演奏、演劇、ダンス、書道、茶道、料理といった活動にも用いることができます。筆者は子どもの頃、茶道を習い、ギター教室に通っていましたが、あの頃にメンタルトレーニングのスキルを知っていれば、茶道やギターがもっと上達したのにと、悔しく思っています。今も毎日、自宅で料理をしていますが、おいしい食事を効率よく作れるように、メンタルトレーニングのスキルを使っています。

　日本スポーツ心理学会編『スポーツメンタルトレーニング教本（三訂版）』（2016）によると、スポーツメンタルトレーニングとは「アスリートをはじめとするスポーツ活動に携わる者が、競技力向上ならびに実力発揮のために必要な**心理的スキル**を習得することを目的とした、**スポーツ心理学**の理論に基づく体系的で教育的な活動」（10頁）です。スポーツ以外の活動にも当てはまる表現に置き換えるならば、メンタルトレーニングとは「パフォーマンス向上ならびにパフォーマンス発揮のために必要な心理的スキルを習得することを目的とした、心理学の理論に基づ

く体系的で教育的な活動」といえます。そして、本を読んだり講義を聞いたりしただけでは車の運転ができるようにならないのと一緒で、メンタルトレーニングのスキルは、練習や試合はもちろん、日常生活でも実際に使って身につけるものです。

　生徒にはそれぞれ、心理的な課題があるものです。オリンピックを連覇したフィギュアスケーターの羽生結弦さんでさえ、「緊張しない試合はないです」（羽生、2018、61頁）と述べています。例えば、「試合や発表会になると緊張してしまって、動きが硬くなってしまう」などの心理的な課題があるとき、自分で対処方法を考えて、何らかの対処をしている生徒も多いと思います。その対処方法が効果的ならば、その対処方法をそのまま使い続けるよう促しましょう。

　しかし、対処方法が分からないときや、いつもの対処方法では効果が得られないときもあると思います。そのため、対処方法はいくつも持っておくことが大事です。どのようなときでも万能な対処方法があればよいのですが、そのような対処方法はなかなか見つかりませんし、そのような対処方法を持っている人はほとんどいないでしょう。持っている対処方法の数が少ないと、その方法に効果がないと感じていても、その方法にしがみついて、その方法を繰り返し行わざるを得ない状況になってしまうかもしれません。そのため、さまざまなメンタルトレーニングのスキル（対処方法）を学んでおくことが有効です。

　メンタルトレーニングを教えるのが上手なのは、**スポーツメンタルトレーニング指導士**など、メンタルトレーニングの専門家です。部活動指導員として、専門家を招聘することも可能でしょう。しかし、メンタルトレーニングを教えるのは、必ずしもメンタルトレーニングの専門家でなくてもかまいません。顧問の教員や部活動指導員の皆さんが教えることも可能です。わざわざ専門家を招くよりも、その方が現実的ではないでしょうか。理論を完全に理解した上でメンタルトレーニングを教えようと考えすぎず、生徒に必要なスキルについて「いいとこ取り」をして、

できる範囲で学んで提供してください。

2 メンタルトレーニングのスキル

　人生では、ポジティブ・ネガティブ両方を含んださまざまな経験をします。生徒たちは、学校生活の中でも特に部活動において、そのような経験から多くの気づきや学びを得て**成長**します。成長著しい中学生や高校生にとって、部活動での出来事はまたと遭遇できない貴重な経験となり、その経験を生徒がどのように意味づけるかは、生徒自身の将来や人生に大きな影響を及ぼします。したがって、部活動指導員をはじめとする生徒を取り巻く関係者（アントラージュ）には、生徒が部活動の中で豊かな経験をし、それを糧に将来の可能性を広げられるよう**支援**する役目があります。

　そこで、生徒が積極的に部活動に取り組んだり、その中で直面するさまざまな困難を乗り越えたりする上で、メンタルトレーニングが役に立ちます。今回は、特に部活動場面でしばしば関心事となる「**心をコントロールすること**」に焦点を当て、日本スポーツ心理学会編『スポーツメンタルトレーニング教本（三訂版）』（2016）を参照しながらメンタルトレーニングの実践方法（スキル）を紹介します。なお、紹介するスキルは、部活動に励む生徒へ適用するだけでなく、部活動指導員が自らの心をうまくコントロールし、効果的な指導を行うための助けとなることから、部活動指導員も実体験を経て各スキルに関する理解を深めてください。

■ メンタルトレーニングを始める前に

　確かに、パフォーマンスを向上・発揮させるにあたって、メンタルトレーニングは有効です。ただし、メンタルトレーニングはあくまで、何かを達成するための「手段」であって、メンタルトレーニングを行うこ

と自体が「目的」ではありません。このことを理解した上で、メンタルトレーニングの意義や効果を高めるためには、メンタルトレーニングを開始する前に以下の点を明確にし、これらの点を互いにリンクさせることが重要です。

①誰のために行うのか（対象：Who）

　この点がメンタルトレーニングの肝です。果たして、これから始めようとするメンタルトレーニングは、誰のために行うのでしょうか。皆さんの大半がメンタルトレーニングを必要とする対象、今回は主として「生徒」とすぐにイメージできると思います。しかし、実際の部活動場面では、意外にこのことが軽視されがちです。

　部活動が「生徒の自主的、自発的な参加により行われる」ものである（文部科学省、2017、27頁；文部科学省、2018、31頁）ならば、部活動の主体（主役：物事を構成する上で中心となるもの）が生徒であることは明白です。今日、特に運動部活動では生徒（プレイヤー）を部活動の中心に位置づけ、成績やパフォーマンスにも増して、生徒の**人間性**を高めるべきであることが強調されています（平野・土屋・荒井、2019）。以上を踏まえると、部活動でメンタルトレーニングが求められる場面において、メンタルトレーニングの対象は部活動の主体である生徒であり、メンタルトレーニングはその生徒のために行われるべきです。この前提にならい、生徒が自らメンタルトレーニングの必要性を感じ、能動的に取り組むことが真に望ましい姿といえます。

　ところが、部活動指導員の主観に基づいて生徒に心理的な課題があると判断し、特にその必要性について生徒と協議することなく、部活動指導員が生徒にメンタルトレーニングを課したり、メンタルトレーニングの専門家を招いたりするケースは少なくなく、何度かそのような場面に遭遇したことがあります。そこで一度立ち止まり、先の問いを思い返してください。メンタルトレーニングは、部活動指導員のためではなく、

生徒のために行うべきものであったはずです。すなわち、メンタルトレーニングの存在は、それを必要として実践する人ありきなのです。

　したがって、何よりも部活動指導員は生徒と、本人の心に関係する課題やメンタルトレーニングの必要性について十分に**コミュニケーション**を図り、メンタルトレーニングに着手しましょう。このプロセスを経ることによって、生徒が**主体的**にメンタルトレーニングに取り組み、高い効果を得るほか、生徒が抱える心理面の本質的な課題や真に必要なメンタルトレーニングを浮き彫りにすることにもつながります。

　生徒には、部活動指導員や顧問に見せていない顔があるかもしれません。中学生のスポーツ選手に関する調査によると、一見トラブルなく競技に取り組んでいる中学生スポーツ選手の中には、高い不安があることを周囲に気づかれず、問題を抱えたまま競技を続けている者が存在していると示唆されています（栗林・中村・佐藤、2018）。メンタルトレーニングを一つの機会として、生徒と一歩踏み込んだコミュニケーションをとってください。

②なぜ行うのか（目的：Why）

　メンタルトレーニングをなぜ行うのかにも注目してください。これは後に続く、「どのようなメンタルトレーニングを行うのか」につながる重要な視点です。既に述べたように、メンタルトレーニングは何か目標を達成したり、課題を克服したりするための「手段」です。部活動指導員はこのことを念頭に置いて、なぜメンタルトレーニングを行う必要があり、それによって何を達成したいのか、生徒と丁寧に検討する必要があります。

　たとえ経験豊富な部活動指導員であっても、生徒の心を完全に読み取り、理解することは困難です。もしかしたら、生徒が抱える心理面の課題は、部活動と直接関係しないことに原因があるかもしれません。メンタルトレーニングを実施するにあたり、指導者は**カウンセリングマイン**

ド（傾聴・共感・受容する態度）を持って対象者と**ラポール**（信頼と親愛の絆）を形成し、聴き取った内容から何が課題で、どのような支援が求められるのか**アセスメント**（対象者を理解するための評価・査定・診断）する必要があります。

　このように、部活動指導員はあらゆる可能性に目を向け、生徒に対する理解を深めていく中で、生徒が自ら心理面の課題に気づき、それを改善・克服する意義を実感してからメンタルトレーニングに臨みましょう。これによって、生徒が**意志**を持ち、継続してメンタルトレーニングに取り組むことが可能になります。

③何をどのように行うのか（方法：What, How）

　体力トレーニングに「特異性」という原理があります。この特異性に基づいて、例えば、大胸筋の強化には、大胸筋に十分な刺激を与えるベンチプレスが一般的に選択されます。ある課題を改善するためには、それに見合った策を講じる必要があるように、メンタルトレーニングでも対象者が抱える心理的な課題の特徴に応じて、適用すべきスキルは変わります。したがって、どのようなメンタルトレーニングを行うのかについては、メンタルトレーニングを行う対象と目的に照らし合わせて検討することが欠かせません。

　同時に、実施するメンタルトレーニングには、ある程度の幅をもたせることも重要です。例えば、音楽を活用する場合、アップテンポな曲を聴くことによってそれに呼応して気持ちが高揚する人もいれば、かえってリズムを乱してしまい疲労感や焦燥感を覚える人もいます。このように、心の状態には対象者の特徴を軸として、そこに対象者を取り巻くさまざまな要因が関与します。「これを実践すれば大丈夫」という固定観念に縛られず、対象者の特徴や状況を正確に把握した上で、基本となるメンタルトレーニングのスキルをベースにしながら、最適な形にカスタマイズするとともに、それを**追求し続ける**ことが大切です。

❷　行動変容技法

　私たちの行動は、心と深い関わりがあり、その心の在りようが行動を司っています。スポーツでは、折に触れて心・技・体それぞれと3つの一体性に関する重要性が説かれていますが、心が往々にして技術（技）と身体（体）の支えとなることに基づき、心の操作性を高めるメンタルトレーニングが重宝されてきました。このことを踏まえると、部活動を充実させる鍵は、部活動に関わる生徒や部活動指導員の心の在りようにあるといえそうです。メンタルトレーニングは、その部活動においてしばしば必要性が認められ、部活動を充実させる上で大いに役立ちます。筆者もスポーツ心理学やメンタルトレーニングに興味を持ったのは、バレーボール部で競技成績を上げるために、個々がバラバラであったチームに一体感をもたらしたいと思ったことがきっかけです。

　ところで、メンタルトレーニングは主としてどのようなことに関心が寄せられ、発展してきたのでしょうか。その代表が「行動を変容させる」技法です。**行動変容技法**とは、パフォーマンスの促進や維持・回復にあたって適切な行動を獲得する、あるいは不適切な行動を除去するための方法を指します（日本スポーツ心理学会、2016）。私たちがこれまで難しかった課題を克服したり、目標を達成したりするには、それらにつながる行動を起こし、それを強化する（反復する）必要があります。今日では、その行動に伴う**努力**の量にも増して、質（どのように努力したのか）が問われるようになってきていますが、いずれにせよ、これまでになし得なかったことをなすためには、何かしら行動を**変化**させることが重要です。

　メンタルトレーニングは、以上のように人が行動を変化させる上で効果があると確認された研究知見をベースにしています。また、メンタルトレーニングでは、これまでとは異なる体験や経験を得て心の変容が生じることになるため、メンタルトレーニングそのものが行動変容を促す取り組みであるともいえるでしょう。おそらく、部活動を指導する現場

に立つ皆さんの多くが、生徒にこの行動変容をいかに促すかについて関心を持っていると思われます。部活動指導員は生徒の成長を見据え、それに必要な課題やハードルを課しながら、生徒の努力を支えることが求められています。したがって、部活動指導員は、生徒が自らの成長や自己実現に向かっていかに主体的に努力することができるようになるかという、生徒の行動変容を促す役割を担っており、そこに真価が問われていると考えられます。

　以下に行動変容を促す取り組み（課題）の流れを示します。具体例については、平野・土屋・荒井編『グッドコーチになるためのココロエ』（2019）を参照してください。

①目標設定
　どのように行動を変容させるのか具体的な目標を定め、努力する方向性を明確にする。

②セルフモニタリング
　自分の行動を自ら観察することによって、行動の特徴（傾向や癖など）を把握し、管理する。

③刺激コントロール
　環境をコントロールすることによって、行動が起こりやすくなるきっかけ（刺激）をつくり出し、目標とする行動の出現頻度を増やす。

④オペラント条件づけ
　何らかの行動（特に目標とする行動）に対し、強化子（「褒める」など、ある行動の直後に出現するとその行動をとる頻度を高めるもの）を伴わせることによって、新たな行動を生み出す。

⑤行動契約

　設定した目標（行動を変容させるための取り組み）やそれを開始する日時などを契約書に書き留め、自らサインすることによって行動変容に取り組む契約を結び、目標達成のための強い意志をつくる。

❸　目標設定技法

　今日では、ある取り組みを始めたり進めたりする上で、まずもってその羅針盤となる**目標設定**が重要であることは周知の事実です。その意義として、取り組みを明確化することで不安を軽減する、自信を持たせる、取り組みに対する集中力を高める、満足感を与えるなどにより、個人の**積極的な行動**を生み出すことが期待できます（日本スポーツ心理学会、2016）。まさに、メンタルトレーニングの基礎であり、先の行動変容を促す第一歩に位置づけられますが、それゆえに目標を設定する**プロセス**に注意を払う必要があります。

　目標設定では、行動する主体の意向が設定された目標に反映されていない場合、短期的に目標達成に向けた行動を起こすことができたとしても、長期的にそのモチベーションを保持することは難しく、せっかく始めた行動をすぐに止めてしまう、そもそも着手する気が起こらないといった状況に陥りかねません。しかし、いまだ部活動の現場では、生徒の意向が十分に反映されないまま、指導者あるいは顧問が掲げた目標の下で活動が行われていたり、生徒の特性や時代が変化しているにもかかわらず、過去に立てられた目標が再考・変更されていなかったりする様子も見受けられます。

　このように、部活動で目標を設定することは行われているものの、目標設定を行うこと自体に終始してしまい、その目標がどのようなことを背景に、どのようなことを意図して設定したのかに関するプロセスを見落としてはいないでしょうか。例えば、部で「全国大会に出場する」という目標を立てた場合、その目標自体は貴重であり、尊重されるべきも

のです。一方で、その目標を立てた際にすべての部員が何かしらの形で
それに関与しているか、仮にそうでなくとも、部の目標がそれでよいか
部員の**意思確認**が十分に行われていることが望ましいですが、実際には
そうなっていないかもしれません。

　したがって、部活動に関わる目標設定を行うにあたり、部活動指導員
は生徒とコミュニケーションを重ねながら以下の点を考慮し、生徒が志
を持って主体的に取り組みたいと思えるような、特に設定までのプロセ
スを重視した目標設定に努めてください。

①達成を目指す行動主体（生徒）が自らの意思で設定した目標か

　生徒が主体的に部活動に参画するためには、生徒が備える基本的心理
欲求の一つである、自らの意思で思考・判断して行動したいという自律
性の欲求を充足することが重要であることから、生徒自身に部や個人の
目標を設定させる。

②行動主体の努力によって達成を操作できる目標か

　相手の努力や環境、運などの要因を直接コントロールすることはでき
ず、試合や発表会の結果、順位を完全に操作することは不可能である。
そのため、生徒が能力や努力といった自らの手でコントロールできる要
因を制御することによって達成し得る目標を設定する。

③現実的かつワクワク感を誘う挑戦的な目標か

　現状の能力を大幅に超えていたり、反対にやさし過ぎたりしても、目
標を達成しようとするモチベーションを保持することが難しくなるた
め、目安として成功と失敗の比率が半分くらいで、生徒が自分なりの努
力によって達成し得る難易度の目標を設定する。

④具体的で分かりやすい目標か

　「試合を楽しむ」といった抽象的な目標は、一時的に活動のモチベーションとなるが、それを達成するためにどのように努力すべきか、どのくらい目標を達成することができたのかイメージしにくいため、「何に」「どのように」励むべきなのかが明瞭な目標を設定する。

⑤足下を見ながらも将来を見据えた目標か

　技能を身につけたり上達したりするためには、相応の練習とある程度の時間が必要となる。特に部活動は、進級や卒入学を区切りとして活動する場合が多いことから、2・3年先を見据えた長期的な目標、1年先の中期的な目標、数カ月や半年を目安とする短期的な目標を設定する。

⑥部と部員両方の視点に立った目標か

　運動部・文化部を問わず、一般的に部活動は複数のメンバー（部員）が所属し、そのメンバー同士で共有する多様な目標の下に活動する。一方で、部の目標は必ずしもメンバー個々の志向と一致するとは限らないため、部の目標と共に、それに結びつく個人の目標も設定する。

４　リラクセーション

　間近に迫る試験や発表会のことで体がガチガチに、頭が真っ白になったり、他のことが手につかなかったりした経験はありませんか。このように、誰もが一度は本番や大切なイベントに際して、不安や緊張を覚えた経験があるはずです。それらの不安や緊張といった**情動**をコントロールし、緩和・解消するスキルを**リラクセーション**と呼び、スポーツの現場ではメンタルトレーニングの主要なスキルとして活用されてきました。

　一方で、最適なパフォーマンスを発揮するには、ある程度の緊張や興奮（覚醒）を保持することも重要です（荒木、2018）。例えば、ゴルフや書道といった外的要因にあまり左右されない、安定した環境の下で行

われる活動では低い水準の、反対にラグビーやブラスバンドなどでは比較的高い水準の覚醒が、それぞれの場面で必要なパフォーマンスを発揮する上で望ましい心理状態の目安とされています。したがって、不安や緊張を消し去ることが必ずしも本来の**実力**を引き出すことにつながらない場合があります。

　最近では、「だんだん弱気になってきたな」というように、その場面で生じる多様な思考や感情、感覚をありのまま受け入れる（善悪を判断しない）ことを重視した**マインドフルネス**という概念も注目されています（荒井、2020）。とはいえ、やはり不安や緊張が正常なパフォーマンスの発揮を妨げやすいことは、皆さんの多くが実感していることと思われるため、特に生徒が課題に臨むにあたって過度な不安や緊張を抱きやすい場合、以下の不安や緊張を生徒が自らほぐせる方法を学んでおくと有効です（日本スポーツ心理学会、2016）。

①呼吸法

(1)　座った状態で背筋を伸ばし、目をしっかりと見開いて、両肩を上げながら鼻で大きく息を吸う。息を吸う際、新鮮な酸素と共に快適なエネルギーが体内に入ってくる感じをイメージする。

(2)　上半身の力を抜き、両肩を下げながらゆっくりと鼻または口から息を吐く。息を吐く際、二酸化炭素と共に体内の不快なエネルギーが

出ていくことをイメージしながら、心も体も落ち着いていく感覚を
確かめる。

⑶　30秒〜1分を目安に繰り返す。

②自律訓練法

⑴　両脚を軽く開いて椅子に腰かけ、腕の力を抜き、両手を太腿の上に
乗せる（あお向けに寝て行ってもよい）。続いて目を閉じ、体の感
覚を味わいながら手足や腰などを楽な位置に調整する。

⑵　心の中で「気持ちが落ち着いている」と1〜2回唱える。

⑶　はじめに利き腕に注意を向け、心の中で「利き腕が重たい」と繰り
返しながら、そこで感じられるさまざまな感覚を味わう。

⑷　同様に⑶を逆腕・利き脚・逆脚の順に繰り返して、各部位の状態を
確認しながら感覚を味わう。

⑸　1〜2分経過した後、両腕を数回曲げ伸ばす、大きく伸びをすると
いった軽い運動（消去動作）を行い、ゆっくりと目を開ける。

⑹　⑴〜⑸を2〜3回繰り返すことを1セッションとし、1〜2週間継
続して毎日2〜3セッション行う。

⑺　継続する中で各部位の筋がゆるむ感覚がすぐに分かるようになった
ら、「重たい」（重感）を「温かい」（温感）などの他の感覚に変え
て練習を繰り返し、わずかな感覚の変化に気づけるようになること

を目指す。

5 サイキングアップ

　日常生活でさまざまなことに遭遇しながらも、感情をうまくコントロールして常に前向きでいたいものです。しかし、時には気乗りせず行動したくない日もある中、目標としていた発表会や締め切りが刻一刻と迫り、気持ちを奮い立たせて頑張らなければならないという状況は多くあります。**サイキングアップ**は、先のリラクセーションと対極をなすものとして、集中力や意欲が低い、雰囲気にのまれて怖気づく、意気消沈しているというような場面で気持ちを切り替え、**やる気**を高めるメンタルトレーニングのスキルです（日本スポーツ心理学会、2016）。

　気分を高揚させて志気を高めることは、あることを達成する上で必要な心の状態を整えて**準備する**作法の一つであり、リラックスすることと同じくらい重要な取り組みです。多くのアスリートがインタビューで「次の試合に向けて準備したい」と語っていることからも分かるように、生徒がその時点で持っている能力を遺憾なく発揮するためには事前の準備が大切になります。そこで、高妻著『新版 今すぐ使えるメンタルトレーニング［選手用］』（2014）を参考に、生徒自身が課題や場面に即してやる気をコントロールする方法を学んでおきましょう。

　やる気を高めるにあたっては、組織内の雰囲気も重要な役割を果たします。概して部は複数の部員で構成され、各部員が互いに関係し合いながら活動を営みます。その部員同士が良好な関係性を築き、部内に他の部員と積極的に関わったり、互いを支え合ったりするような雰囲気がつくられると、部の一体感が高まって部員のやる気を向上させることができます（山田、2020）。このように、部活動指導員には、部員個々と同時に部全体へのアプローチも活用して、生徒がやる気を高められる環境をつくることが求められます。

①姿勢や呼吸などのコントロール

　リラクセーションを行った後、各自の嗜好に合った方法でこれから開始する活動が好き・楽しみ・早くしたいという気持ちが湧くようにする。

・胸を張って30秒間上を向く。

・シャープに素早い呼吸を繰り返す。

・シャドーボクシングなどを用いて体を激しく動かす（触れる程度に叩いてもよい）。

・大きな声を出す。

・軽快なバックグラウンドミュージック（BGM）を流す。

②ポジティブシンキング

　他者や環境、結果などはコントロールできないものと考え、自分でコントロールすることができる自らの思考や行動（やるべきこと）に意識を向ける。

・「結果を出さなければならない」という思いを、プレッシャーではなく自分に対する励みやモチベーションとして捉える。

・良いパフォーマンスをすることよりも、これまでの練習や努力があって本番を迎えられたことをたたえ、「いつも通りパフォーマンスするだけ」といい聞かせる。

・「ミスをしない人などいない」「ミスをしても死ぬわけではない」といい聞かせ、部活動は常にミスやプレッシャーと隣り合わせであるから面白く、その状況を経験するからこそ成長できるのだと考える。

・指導者や周囲からの厳しい言葉は、「結果の責任は私たちがとるから頑張れ！」というメッセージであると理解する。

・優れたプレイヤーほど不安やプレッシャーの原因を他者や環境のせいにせず、相手も自分と同じ境遇に立たされており、条件に違いはないからこそ「自分のやるべきことに集中すればよい」と考える。

③イメージトレーニング

以下の4つの段階を踏まえて実施する。

(1) イメージストーリーの作成

　　これから描こうとするイメージの具体的な場面・状況や自分自身の心身の状態、周囲の様子などを設定し、あらかじめイメージする内容についてまとめた脚本のようなイメージストーリーを作成する。その後、イメージストーリー全体の流れを吟味し、「フィナーレ」のようにその場面で求められる身体感覚や心理状態を思い起こしやすいキーワード（手がかりや引き金となるもの）を活用して、チェックポイントを付け加える。

(2) リラクセーション

　　先に示したリラクセーションのスキルを参考として、各自になじんだ方法でリラックスする。

(3)　イメージ想起

　　心身共に十分リラックスできている状態で目を閉じ、(1)のイメージストーリーに沿ってイメージを思い浮かべる。

(4)　イメージ体験の振り返り

　　イメージがどのくらい鮮明であったか、現実のパフォーマンスとどのように異なっていたかなどの観点に基づいて、(3)で体験したことや気づいたことを書き出し、記録しながらイメージ体験を振り返る。

④セルフトーク

　できる限り一人の空間と明るいイメージをつくり、以下の手順を参考に実施する。

(1)　鏡の前に立って自分の顔を見た後、笑顔をつくる。

(2)　鏡に映った自分へ「おはよう」「調子はどうだい」といった簡単な挨拶や言葉を投げかける。

(3)　(2)に対して「やる気がみなぎっているな」「調子が良さそうだね」など、プラス思考で前向きな言葉を返す。

(4)　さらに胸を張って顔を上げ、両腕を上げてガッツポーズをつくる。

(5)　全身に力を入れ、伸びをしながら「よ～し」と繰り返した後、大きめの声で「頑張るぞ！」と気持ちを込める。

3 メンタルトレーニングの心構え

　結果や成績には、生徒本人も制御できないさまざまな要因が関与するため、それらを完全にコントロールすることはできません。しかし、本番で良いパフォーマンスができるように、また悔いを残さないように、生徒には少しでも**自信**を持って本番や練習に臨んでほしいものです。今日の部活動では、人間性の向上を柱として、生徒が自らの能力に自信を

持って課題に取り組んでいけるような力を育んでいくことが求められています（友添、2016）。部活動指導員は、まさにその主要な担い手です。生徒が自信をつけることは、試合や発表会などを目指し短期的に専心して練習に励むだけでなく、その先（未来）にあるより難しい課題や目標に挑戦するモチベーションにもなるため、日々の練習と並行して継続的にメンタルトレーニングに取り組むことで自信を高めていきましょう。

　ところで、「コーチングとその成果にはタイムラグがある」ことを覚えておいてください。これは筆者が尊敬する先生から得た教訓であり、指導を行うときと指導したことが成果として現れるときには、必ず時間差があるというものです。すなわち、指導したことはすぐに指導を受けた人の身にはならず、指導を受けた人が指導された内容を理解し、それを安定して体現できるようになったときに初めて指導の成果が上がったといえるため、そこに至るまでにはある程度時間がかかるということを意味しています。

　このことに関連して、メンタルトレーニングの成果を短期間で上げることは困難です。特に自信は、これまでの練習や生活習慣などの**積み重ね**によって形成されるものである（徳永、2005）ことから、いかにして日々の努力に目を向け、その質を高めていくかがポイントになります。以上を考慮し、部活動指導員は**長期的な目線**で生徒と共にメンタルトレーニングを積み重ね、生徒が自信を高めていけるように支援することが重要です。

　そして、メンタルトレーニングのスキルを身につけるためには、いろいろなメンタルトレーニングのスキルを「実験してみること」が大切です。実験してみて、自分にとって効果があったのか、効果がなかったのかを検証する必要があります。実験して、検証して、自分だけのメンタルトレーニングスキルのデータベースをつくっておきましょう。そうすることで、この先の人生で困ったとき、自分で道を切り開ける人間を**育成**することにつながるはずです。

コラム②　スポーツメンタルトレーニング指導士

　筆者は、アスリートやコーチのメンタルサポートを行っています。メンタルサポートを実践する専門家が有する代表的な資格として、日本スポーツ心理学会が認定する「スポーツメンタルトレーニング指導士」（SMT 指導士）があります。SMT 指導士の活動内容は、「スポーツ心理学の立場から、スポーツ選手や指導者を対象に、競技力向上のための心理的スキルを中心にした指導や相談を行う。狭い意味でのメンタルトレーニングの指導助言に限定しない。ただし、精神障害に対する治療行為は含めない」（日本スポーツ心理学会資格委員会、2021、4頁：表参照）とされています。SMT 指導士がサポートを行う対象者は、ほとんどの場合アスリートですが、コーチをはじめとしたアスリートの関係者（アントラージュ）のサポートを行うこともあります。2021 年９月現在、170 名以上の SMT 指導士が、日本各地で、トップからすそ野までのアスリートやコーチのメンタルサポートを行っています。

　部活動指導員である皆さん自身が、メンタルトレーニングを身につけて、生徒にも伝えられるようになることが理想です。部活動指導員自らがメンタルトレーニングを理解し、そのスキルを身につけていれば、生徒にもそれを教えることができるでしょう。

　メンタルトレーニングのスキルによっては、見よう見まねで行わない方がよいものもあります。その場合は、SMT 指導士などの専門家に依頼して、メンタルトレーニングスキルの実施の可否や実施について具体的な方法を相談したり、メンタルトレーニングの実施そのものを依頼したりするとよいでしょう。

　日本スポーツ心理学会のホームページには、SMT 指導士の有資格者一覧が掲載されています。SMT 指導士は、皆さんのチームの生徒の課題を、生徒自身だけでなく、皆さんとも一緒に考えてくれ

るはずです。

表 スポーツメンタルトレーニング指導士の主な活動内容

a．メンタルトレーニングに関する指導助言：メンタルトレーニングに関す
　る知識の指導・普及、メンタルトレーニングプログラムの作成や実施、メ
　ンタルトレーニングに対する動機づけ等
b．スポーツ技術の練習法についての心理的な指導助言：練習・指導法、作
　戦等
c．コーチングの心理的な側面についての指導助言：リーダーシップとグルー
　プダイナミクス、スランプへの対処、燃え尽きや傷害の予防と復帰への援
　助等（ただし精神障害や摂食障害等の精神病理学的な問題は除く）
d．心理的コンディショニングに関する指導助言
e．競技に直接関係する心理検査の実施と診断：競技動機、競技不安、心理
　的競技能力等（一般的な性格診断は行わない）
f．選手の現役引退に関する指導助言
g．その他の競技力向上のための心理サポート全般

出典：日本スポーツ心理学会資格委員会「スポーツメンタルトレーニング指導士 資格申請・
　　　更新の手引き（2021年7月以降版）」2021年

復習問題

❶　次の **A ～ E** の文章を読み、本文の内容と一致していれば○、一致していなければ × をつけましょう。

A　メンタルトレーニングとは「パフォーマンス向上ならびにパフォーマンス発揮のために必要な心理的スキルを習得することを目的とした、心理学の理論に基づく体系的で教育的な活動」である。

B　メンタルトレーニングのために自分で心理的スキルを考え出し、その心理的スキルが自分にとって効果的であったとしても、自分で考え出したスキルは使うべきでない。

C　メンタルトレーニングを教えてよいのはメンタルトレーニングの専門家だけであり、部活動指導員や顧問の教員がメンタルトレーニングを教えてはいけない。

D　メンタルトレーニングでは、どのような心理的スキルを身につけるのか以上に、誰のために・何のためにメンタルトレーニングを行うのかについて明確にしておく必要がある。

E　メンタルトレーニングには広範性や即効性があり、確立された方法さえ実践すれば、あらゆる心理的な課題を即座に改善・解消することができる。

第3章　部活動に関連するストレス

学習のポイント
- ●ストレスモデルについて理解を深める
- ●部活動を取り巻くストレッサーの種類を理解する
- ●部活動指導員ができるソーシャルサポートを理解する

　生徒たちは、日々部活動を行う中で、うれしいことや大変なことなど、多くのことを経験します。本章では、部活動を通して直面する経験をストレスモデルを用いながら理解していきます。ストレスの原因は多様ですが、本章では「対人関係」に焦点を当てて見ていきましょう。

1 ストレスモデル

　私たちは、日常的にさまざまなストレスと対峙しています。「ストレス」という言葉を聞くと、「イライラしている人」というイメージが浮かぶかもしれませんが、これはストレス反応の一つにすぎません。日常的によく使う「ストレス」という言葉には、大きく分けて、①ストレスの原因である**ストレッサー**、②ストレスの症状としての**ストレス反応**、の意味が含まれています。本章では、ストレッサーとストレス反応の関係からなる**ストレスモデル**を部活動に当てはめながら見ていきましょう。

　ストレスモデルは、いくつかありますが、ここでは職業ストレスモデルとして使われている内容に沿って説明していきます。**図3-1**の左側を見てください。ストレス要因（＝ストレッサー）があり、これが右側にあるストレス反応を引き起こします。そして、ストレッサーとストレス反応の中間に**個人的要因**や**緩衝要因**があります。

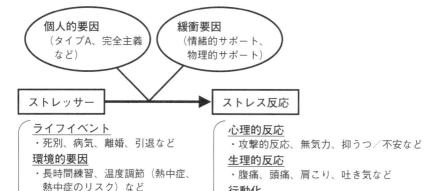

図3-1 職業ストレスモデル

個人的要因
（タイプA、完全主義
など）

緩衝要因
（情緒的サポート、
物理的サポート）

ストレッサー　→　ストレス反応

ライフイベント
・死別、病気、離婚、引退など
環境的要因
・長時間練習、温度調節（熱中症、
熱中症のリスク）など
日常の比較的軽い出来事
・対人関係のトラブルなど

心理的反応
・攻撃的反応、無気力、抑うつ／不安など
生理的反応
・腹痛、頭痛、肩こり、吐き気など
行動化
・物にあたる、いじめる、部活動を休むな
ど

※NIOSH職業ストレスモデル（Hurrell Jr, J. J., & McLaney, M. A., "Exposure to job stress: a new psychometric instrument", *Scandinavian Journal of Work, Environment and Health*, vol. 14, pp. 27-28, 1988）をもとに筆者が作成した。

1　ストレス反応とは

　はじめに、**図3-1** の右側にある**ストレス反応**から見ていきましょう。ストレス反応には、大きく分けると、①気持ちに現れる「**心理的反応**」、②身体に現れる「**生理的反応**」、③行動として現れる「**行動化**」、の3側面があります。

　心理的反応は、イライラなどの「攻撃的反応」、やる気がないなどの「無気力やバーンアウト」、抑うつや不安が高まる「抑うつ・不安反応」に分けることができます。ストレスという言葉からは、イライラ感のイメージが強いのですが、部活動や勉強を頑張ろうとするがやる気が出ない、失敗して怒られることを考えると不安でたまらない、ということも心理的反応となります。

　生理的反応としては、腹痛、頭痛、肩こり、吐き気、耳鳴り、腰痛、多汗などさまざまな症状が現れます。例えば試合やコンクールなどの本番前に、緊張してお腹が痛くなったり、トイレが近くなったり、吐きそ

うになったり、頭が真っ白になったり、汗が止まらなくなったりするということは、誰もが経験したことがあるでしょう。

　行動化としては、イライラして壁や物にあたったり、友だちと不要なケンカをしたり、他人をいじめたり、また、部活動を休んでしまったりすることなどが挙げられます。もっと重いものになると、自分の気持ちを抑えることができず社会的ルールに反する行動を起こしてしまうということもあります。

　このように、ストレス反応には軽いものから重いものまであります。また、短期間でおさまるもの（例：本番が終わったら腹痛が治る）もあれば、症状が長引くもの（例：毎回部活動に行く前には、お腹が痛くなる、憂うつになる、心臓がどきどきして不安になる）もあります。重いストレス反応や長期間続くストレス反応は、第4章で扱う「こころの不調」につながる可能性が高くなります。部活動指導員の皆さんは、部活動前や部活動中の生徒の表情や行動、雰囲気などをよく見守ってあげてください。

2 個人的要因

　さて、次にストレスモデルの中間に位置する**個人的要因**について見ていきましょう。個人的要因には、個人の性格や特性が関わってきます。ストレス反応を強める個人的要因としては、タイプＡ（過度に競争的で活動的で、心疾患につながりやすい性格）、**完全主義**、自己効力感、楽観主義や発達的な特性などが挙げられるでしょう。ここではストレスに関連する代表的な性格である完全主義について取り上げます。

　「～すべき」という要求が高い完全主義的思考は、あるときは競技や作品などに対する探究心となり、その技術を高めてくれることでしょう。しかし、あまりにもこの「べき思考」が強すぎると、うまくいかないときに自分を責めすぎることとなります。また、自分だけに厳しければよいのですが、他人にも同じだけの要求水準を求めてしまいがちです。う

まくいかないと人のせいにしたり、努力していない相手を過度に責めたりして、ぎすぎすした人間関係をつくってしまうことがあります。

　特に指導者や保護者たちにおいて「コンクールは優勝すべき」「試合には勝つべき」「部活動はどんなことがあっても休むべきではない」「常に全力であるべし」などの考え方が強いと、それが部員に伝播して、部の雰囲気もいつも緊張感にあふれてしまいます。部活動の指導にあたっては、集中すべきところは集中し、リラックスすべきところはリラックスするなど、メリハリのある部活動運営を意識してみてください。そして、生徒が失敗しても過度に責めることなく、次回に向けてどうすればよいかを考えるチャンスにしてほしいと思います。

❸　緩衝要因としてのソーシャルサポート（社会的支援）

　同じストレスの原因があっても、ある人はストレス反応が強く出たり、ある人は出なかったりという違いが出るのは、この**緩衝要因**が大きく関係します。緩衝要因の代表的なものとしては**ソーシャルサポート**（社会的支援）が挙げられます。このソーシャルサポートこそが、まさに部活動指導員として力を発揮できる分野となるでしょう。

　ソーシャルサポートは、**情緒的サポート**と**物理的サポート**に分けることができます。情緒的サポートとは、心のサポートです。生徒たちは常に、自分の話を聞いてほしい、褒めてほしい、認めてほしいなどの思いが強いものです。生徒のニーズを把握して、上手なタイミングで声をかけてあげるとよいでしょう。これについては、後半の対人関係のところで詳しく見ていきます。物理的サポートとは、うまくいかないときに、具体的な技術を教えてあげたり、けがをしたときに処置してあげたりすることです。これらのサポートがあるかないかで、生徒のストレス反応の強さが違ってくるのです。

４ ストレッサー① ライフイベント

　最後に、ストレスの原因である**ストレッサー**について見ていきます。ストレッサーは主に３つに分けることができます。第一に**ライフイベント**、第二に**環境**、第三に生活の中で生じる比較的軽い出来事（**ハッスル**と名づけられています）です。

　第一の**ライフイベント**ですが、これは人生の中の大きな出来事として捉えることができます。一般的にもっとも大きなライフイベントは配偶者の死だといわれています。それに続くものが離婚や夫婦別居などです。ライフイベントはネガティブなことのみではなく、例えば結婚や出産など他者から見るとポジティブに見えることも、その人にとっては負荷がかかる変化と見なすことができます。

　それでは、生徒のライフイベントについて考えてみましょう。例えば、大きな変化としては本人や家族が災害や事故に遭う、本人や家族が病気になる、家族がリストラや転職となる、家族で引っ越しをするなどが該当します。一方でもっと小さな変化としては、学年が上がる、クラス替えとなる、担任が変わる、顧問が変わる、キャプテンや部長などの役職がつく、試合やコンクールがある、彼女や彼氏と別れる、塾に通い始める、学校行事があるなどの内容が思いつくでしょう。これらの小さめのライフイベントも、生徒にとっては日常生活の「変化」となるのです。部活動指導員として、これら生徒のライフイベントをすべてサポートすることはできませんが、少なくとも、生徒たちが今どのような環境に置かれているのかを想像することはできるはずです。想像力を持って、生徒の気持ちに寄り添ってあげてください。

５ ストレッサー② 環境

　第二の**環境**については、例えば、熱中症になりそうな暑すぎる体育館や運動場、花粉のひどい量、物理的な練習時間の長さ、部活動以外の塾や学校の宿題等の多さ、楽器など道具の古さなどさまざまな物理的環境

が挙げられます。練習時間や練習量の調整、そして予算によりできることに限りはあると思いますが温度や湿度、感染症対策も含めて、少しでも快適な状況をつくってあげてください。また、日本の部活動の活動時間は、他国と比べて多いといわれています。現在中学校では、「**運動部活動の在り方に関する総合的なガイドライン**」（スポーツ庁、2018）や「**文化部活動の在り方に関する総合的なガイドライン**」（文化庁、2018）ができたため、休息日の設定や活動の時間制限が行われるようになってきました。ある部活動ではガイドラインに沿って、表向き学校内の部活動の時間は短縮しました。しかしその裏では、自主練習と称して親たちが他の練習場所を確保したり、同じ部活動のメンバーで半強制的に地域クラブをつくって練習を続けたりというケースも少数ではありますが見聞きします。ましてや強豪の高等学校になると、活動の日数や時間制限はまだまだ守られていないのが実情です。部活動と学業の両立ができるよう調整することも生徒のメンタルヘルス向上に向けては重要です。

　最後に、「道具」や「部費」についても触れておきます。生徒が置かれた環境要因の一つとして、貧困という環境があります。日本の子どもたちの相対的貧困は世界でも有数です。ある子どもは、小学校時代野球で活躍しており、有望な選手でした。しかし、中学校に入ると新しいユニホームや道具を買うことができず、部活動への入部をあきらめたそうです。高い部費を設定するのではなく、おさがり会の実施など、ユニホームや道具をうまく循環できるような工夫や、遠征の距離や回数の調整が求められます。

6　ストレッサー③ 日常の比較的軽い出来事（ハッスル）

　さて、最後に第三の比較的軽い出来事（**ハッスル**）に位置づく「対人関係」について見ていきます。大きなライフイベントと比べると「比較的軽い」と思えるかもしれませんが、対人関係は毎日の出来事であるからこそ、思春期の子どもたちにとっては苦しいものです。生徒は部活動

を通して、どのような人間関係を経験するのでしょうか。部活動の対人関係は、仲間関係、指導者との関係のみではなく、親子関係などにも影響します。ここからは、思春期における発達課題を踏まえ、部活動を通して起こり得る対人関係の問題を考えてみましょう。

2 ストレッサーとしての部活動の友人関係

1 思春期における友人関係

　思春期は、第二次性徴が顕著になる小学校高学年から高校生頃までの時期を指します（第4章参照）。思春期は、対人関係がとても重要な意味を持ちます。皆さんも思春期の頃を思い出してみてください。友人関係で悩んだり、先生との関係で悩んだり、親との関係で悩んだりと、対人関係での悩みはつきなかったでしょう。この時期の発達課題を、**エリクソン**（Erikson, E. H.）は**自我同一性（アイデンティティ）**と**自我同一性の拡散**としました（エリクソン著／西平・中島訳、2011）。

　自我同一性（アイデンティティ）の感覚とは、「自分で思っている私が他の人からそう思われている実感から生まれるもの」（高坂・池田・三好、2017、63頁）です。とはいうものの「自分で思っている私」がよく分からず、自分は何者か、何に興味があり、どんな方向性に向かって進んでいくのか、悩みながら「自分」についてじっくり考える時期ともいえるでしょう。「自分とは何か」を考える際、小学校低学年のように自己中心的な考え方ではなく、他者から見た自己、他者との比較による自己を意識していくこととなります。

2 仲間関係の重圧

　思春期の時期は、自分らしくありたいと願いながらも、他人とは違う自分を受け入れる寛容性は乏しいものです。だからこそ、思春期は「他

者」と同じであることを拠り所とします。この「他者」の影響は、**ピアプレッシャー**（**同調圧力**）として現れてきます。仲間からどのように見られているかを気にし、「自分は友だちから変なヤツ」と思われていないか疑問や不安を感じます（髙坂・池田・三好、2017、102頁）。そして、友だちの中でいかに中心的な存在であるか、または中心的な存在やグループからいかに離れていないかが重要な関心事となります。中学生を対象に「居場所のなさ」を研究した清水（2012）によると、中学生が「居場所がない」と感じるのは、クラスの中心的なグループから離れてしまったとき、または離れまいとして、無理して自分をつくり、疲れてしまったときなどが挙げられていました。

❸　部活動におけるスクールカースト

　上記のような生徒同士の人間関係は、まさに「**スクールカースト**」という現象からも説明できます。東京大学の鈴木（2012）はさまざまなアンケートやフィールドワークから「スクールカースト」を概念化していきました。鈴木のインタビュー調査によると、スクールカースト上位生徒の特徴は、「にぎやかな生徒」「気が強い生徒」「若者文化へのコミットメントが高い生徒」「異性の評価が高い生徒」でした。この視点から部活動での人間関係を観察してみてください。「にぎやかな生徒」や「気が強い生徒」が部活動の雰囲気を独占していないでしょうか。ただし、部活動の特徴としては、日常以上に「技術力」という側面も重視されるので、この点も考慮しながら生徒の様子を見てください。

　次の例は部活動でよくある事例です。

【例1】経験者が多く、技術力の高い者が多くいる部活動。特に技術力の高い生徒が、にぎやかで、気が強い場合、技術がない生徒を見下しやすい雰囲気となります。また、技術力が高い後輩が先輩を見下したり、技術力の高い後輩が先輩からひいきされたりというこ

とが生じやすいものです。

【例２】技術力の高い生徒が少数であり、大半の生徒は部活動に楽しさを求めており、楽しさを求めている生徒の多くが「にぎやかで」「気が強く」「若者文化へのコミットメントが高い」場合、部活動に求める熱量や価値観に違いが生じ、技術力が高く、まじめな生徒が敬遠されやすくなります。または実力があるまじめな後輩に対して、先輩が揶揄してくることもあります。

　【例１】の場合、技術力の高い生徒たちのリーダーシップは評価しながらも、彼らの陰に隠れてしまっている部員がいないかどうか、ぜひ気にかけてほしいものです。【例２】の場合、まじめに頑張っている生徒

を支えながらも、目標に向かってチーム一体となれるよう部活動の雰囲気づくりを行ってほしいと思います。「にぎやかで楽しさ重視」の部活動の場合、活気があってよいのですが、にぎやかさは一方で攻撃性に転化することもあります。まじめな子が評価される空気は、指導者が意識しないとつくることが難しいものです。

④　部活動内いじめ

　ベネッセ総合研究所の木村（2018）の報告によると、部活動に参加している中学生の友人関係は、人数も多く、比較的良好でした。しかし、この調査でも部活動を「楽しくない」と感じている生徒は1割程度存在していました。また、大阪の公立中学校に通う中学生550名を対象とした小西・大道・小山（2011）の調査では、学年が上がるごとに部活動への回避感情が高まっており、3年生になると42.1％が「部活動やクラブに行きたくないと思うことがある」と答えていました。筆者たちが大学生219名を対象とした研究でも、部活動で「嫌な体験がある」と回答した割合は、男女ともに同級生との関係で30％以上、先輩との関係で約30％、後輩との関係で10％以上でした（藤後・井梅・大橋、2015）。そして、自由記述の中には、「部活動の連絡網から外された」「負けるとすべて私のせいにされた」「わざと強いボールを投げられた」「先輩からいつも文句を言われた」「後輩が言うことを聞いてくれなかった」などの事例が示されていました。「部活動は問題行動の舞台になる」（長谷川、2013、154頁）という認識は大げさではないのです。

　永井（2007）は勝利第一主義のチームに所属する子どもたちの特徴として、ランクにこだわり、一軍の子同士で集団をつくるなどして、用具や場所の独占なども含め傍若無人にふるまい、**いじめ**を増幅させていることを指摘しています。実際に部活動のいじめが原因で自殺にまで至ってしまったという痛ましい事件も報告されています。このような事件が二度と起こらないように、大人たちは子どもたちを守っていく必要があ

るのです。

　部活動の人間関係は部活動の時間内のみに生じるものではありません。朝練、夕練、土日、長期休みの期間など、学校生活の多くの時間を子どもたちは、部活動で過ごしています。週末、試合や発表会などがあると、その行き帰りも含めて生徒たちは一緒に生活します。部活動という閉じられた関係性の中で、長時間過ごすことはお互いの親密性を高めることになりますが、一方では排他的な側面も生まれます。お昼ご飯を一緒に食べる人、バスや電車の座る位置、道を歩く相手、部活動が休みの日に遊ぶメンバー、試合やコンクール後の打ち上げに誘われるかどうか、SNSのグループに入れるかどうかなど、些細なことでも生徒たちは孤立感を感じるものです。「学校は行くことが当然で、逃げることが難しい場所」（鈴木、2012、67頁）だからこそ、大人から見たら些細なことでも、子どもたちにとっては劣等感が積み重ねられていくのです。まさに部活動も「逃げることが難しい」場所です。もし部活動をサボりがちな生徒がいたら、その背景で何が起こっているのか、何に困っているのかなど、ぜひ話を聞いてあげてほしいと思います。

3 ストレッサーとしての指導者との関係

◀️ 不登校事例による指導者と生徒との気持ちの乖離

　思春期は、**第二次反抗期**でもあります。生徒たちは、自分たちの権利を揺るがすように感じる大人からの支配に対して、強い嫌悪感を抱くようになります。指導者が「生徒たちのため」と思って助言したことや、熱が入った叱咤激励も「無理やり押しつけられた」「やりたくもないのにやらされた」と、意図しない方向に受け止められることもあるかもしれません。生徒の気持ちと指導者の気持ちの乖離が、指導者との関係をストレッサーとして機能させてしまいます。

　指導者と生徒との気持ちの乖離は、**不登校調査**でも如実に示されています。学校の教員を対象とした児童生徒の問題行動・不登校の調査では、教員が不登校の原因として選択したものは「部活動」が 0.1％、「教職員との関係」が 2.4％でした（文部科学省、2020）。しかし、不登校経験者を追跡した調査では、不登校の原因としては「部活動の友人関係」は 31.6％、「教師との関係」は 26.6％（文部科学省、2014）にも上るのです。後者の調査は複数回答ですが、それにしても認識の差が大きすぎるといわざるを得ません。

◀️ 言葉や態度によるハラスメント

　指導者と生徒との認識の乖離について見てきましたが、これは日頃の部活動指導にも当てはまります。指導者が叱咤激励のつもりで発した言葉が生徒には届かず、逆にその言葉で生徒が深く傷つくというように**ハラスメント**に当てはまる場合もあるのです。指導者との関係を見てみると、藤後・井梅・大橋（2015）による調査では、指導者との関係で嫌な思いをしたと答えた生徒は、男子では約 40％、女子では約 30％でした。その内容は、男女ともに「ためいきや舌打ちをされた」「失敗すると必

要以上に怒られた」「『ばか』など人格を否定されるような言葉で怒鳴られた」などが挙がり、自由記述の中には、「強い選手や強い部が優先されて、他の子はほったらかされた」「失敗すると『生きている価値がない』と言われた」「できない子に『のろま』など罵声を飛ばしていた」などが挙げられていました。その他にも約300名の小中学生を対象とした筆者たちの調査（藤後・井梅・大橋、2020）では、指導者にやってほしくないこととして、暴言・罵声・暴力などが多く挙がっていました。これは運動部のみではありません。島沢（2017）は吹奏楽部の次のような事例を紹介しています。ある大学生は吹奏楽部の強豪高等学校に入学し、顧問から「帰れ！　もうやめろ！　聴きたくない！　ド下手！」と怒鳴られながら練習し、その怒られていた恐怖感から、大学生になっても怒られている夢を見るそうです。

　指導者の罵声・人格否定・無視などがまかり通ると、それが部内の格差を容認する雰囲気をつくってしまい（藤後・井梅・大橋、2017）、子どもたちの間でも仲間を「見下す」ことを「よし」としてしまいます。「見下す」行為は、「下手な子」のみではなく、「まじめな子」に対しても生じ得るので十分に気をつけてあげてください。筆者自身が見聞きしたケースでは、ある小学生のスポーツチームでは、指導者が部員のミスに対して「役立たず」「お前なんか意味がない」と常に叫んでいました。そこのチーム出身の子が中学校の部活動に入ってきた際、試合中にミスをした先輩に対して、「役立たず」と叫んでいました。大人の言動は子どもたちに刷り込まれていきますので、ぜひ皆さん自身の言動には気をつけてください。

　指導者から言葉や態度によりハラスメントを受けた生徒は、追い詰められ心理的ストレス反応や行動化が生じます。無気力や部活動に行くのが怖くなって部活動の時間前になるとお腹が痛くなったり、頭が痛くなったりします。カウンセリングの中で、ある子は「部活動に行くたびに、その行きがけの道路に飛び込めたらどんなに楽になるかと思ってい

た」などとつぶやいていました。実際に部活動を苦にして追い詰められている部員もいることを忘れてはいけません。

4 ストレッサーとしての親子関係

1 親の過度な期待

　思春期は、親子関係も大きく変わってくる時期です。青年期の変化に伴い親子関係にも変化が生じます。それまでのように大人の言うことを素直に聞いてくれるという関係ではなくなってきます。生徒たちは、親の期待を感じながらも、それに沿えない自分に葛藤します。

　例えば、中学校入学後の部活動では、経験者と初心者の技術レベルには格差があります。当然親は、子どもに活躍してもらいたいと思い、「レギュラーを目指しなさい」「コンクール入賞を目指しなさい」などとはっぱをかけることもあるでしょう。そして、レギュラーになれなかったり、試合やコンクールに出場できなかったりすると、「何をやっているんだ」と叱咤激励することもあるでしょう。特に部活動の場合、試合やコンクールなどに親も付き添うことができるため、子どもの不甲斐ない姿やまじめにやっていない姿などを見ると、親は必要以上に怒りの感情が湧き起こり、子どもを問い詰めようとします。

　また、部活動の人間関係がうまくいかなくて親に相談しても、「内申点が下がるから部活動は続けなさい」などの親の価値観を押しつけたアドバイスとなってしまうかもしれません。さらには、「先生に言ってあげるから」と親が部活動の運営に口を出してくることもあります。親の過度の干渉は、**教育虐待**（おおた、2019）という言葉が当てはまるケースもあり、生徒にとって親子関係もストレッサーになり得るのです。

2 進学先について

　親子の価値観の違いが顕著になるのが**進学**についてです（藤後・井梅・大橋『スポーツで生き生き子育て＆親育ち』〈2019〉）。強豪校に行くかどうか、推薦をもらえるかどうかなど、親は子ども以上にこれらの情報に敏感になりがちです。子どもと親の希望が一致していれば共に幸せなのですが、親の期待と子どもの気持ちにズレがあると子どもは身動きがとれなくなります。例えば、甲子園球児にあこがれる親は、子どもには何としても野球の強豪校に入ってほしいと強く願いがちです。そして、その親の思いは子どもに重くのしかかるのです。とりあえずは親に従って強豪校に行ったとしても、そこでの生活が子どもにとって居心地のよいものかどうかは分かりません。筆者たちの調査でも、親にやってほしくないこととして「過干渉」がトップに挙がり、続いて「プレッシャー的な発言」「比較すること」「ネガティブな発言」などが挙げられています（藤後・井梅・大橋、2020）。島沢（2017）は、部活動に対する親の「**成果主義**」や「我が子主義」に強く警鐘を鳴らしています。

5 部活動指導員ができるソーシャルサポート

　ここまで、ストレスモデルに基づいて、生徒のストレッサーやストレス反応について見てきました。最後に、ストレスマネジメントとして部活動指導員ができるソーシャルサポートについて考えてみましょう。

1 生徒の変化をよく見てあげる

　ソーシャルサポートを提供するには、まず生徒の様子をアセスメントすることが重要となります。生徒の様子が、疲れていないか、話しているときに目は合うか、よく話すか、挨拶はするか、表情は暗くないか、一人で行動していないか、けがが多くないか、服装は乱れていないか、

髪の毛は整っているか、試合やコンクールのときは誰と一緒にいるか、お昼ご飯のときの様子はどうかなど、部活動前後も含めて、ぜひ生徒の様子をよく見てあげてください。

藤後・井梅・大橋（2020）の研究では、指導者との関係で「嬉しかったこと」という質問には、「褒められた」「認められた」「先生が丁寧に教えてくれた」などの情緒的サポートに関する内容が多く挙げられています。この時期の子どもたちは、自立と依存の間で揺れ動きます。［基礎編］の第8章でも触れていますが、生徒の心をつかむようなコーチングを意識するとよいでしょう。日頃は反発している生徒たちでも、実は教員や指導者に甘えたくて、自分たちのことを見てほしいという承認欲求は高いのです。専門的な技術を伝えてあげながら、ちょっとした努力に目を向けて、丁寧な声をかけてあげてほしいと思います。

❷　個人や集団のレベルに応じた専門的で平等な指導

生徒の様子を把握できたら、いよいよ物理的サポートでもある専門的技術の提供です。部活動のレベルについていけず、困っている生徒はいないか、求められる技術が低すぎて力を持て余している生徒はいないかなど、全体を俯瞰して見てください。個に応じた技術提供、チームとして必要な技術提供など、まさに部活動指導員の力が期待されます。先ほどの藤後・井梅・大橋（2020）の調査結果から、指導者に望むこととしては、「応用メニューやスキルメニューなど技術に応じた練習メニューが欲しい」「考えさせる教え方をしてほしい」「具体的なアドバイスをしてほしい」という声が挙がっており、約70％の生徒が技術に関するアドバイスを求めていました。専門性を持った部活動指導員への期待が高いことが想像できます。

その中で部活動指導員には、技術中心のサポートのみにこだわるのではなく、部活動のマネジメントの視点から技術以外の物の見方や考え方も教えてあげてほしいと思います。例えば、経験者で「この部活動のレ

ベルは低い」と力を持て余している部員には、自らの技術を高めること
のみを追究するのではなく、初心者への指導を担ってもらったり、部活
動の運営の工夫を考えてもらったりすることもよいでしょう。部活動で
は、技術向上以外にも多くのことを学ぶことができます。ある強豪校の
運動部に、大学からスカウトがきましたが、スカウトの対象は、その部
活動でのエースではなく、なんとマネージャーだったのです。大人数の
部員をマネジメントし、遠征の際は宿泊の用意や食事の調整などすべて
を司るマネージャーは、実に社会で活躍できる人材なのです。また、部
活動でデータ分析をしていた人がその分析力を企業から重宝されるとい
う話もよく聞きます。このように部活動では、特定の技術を向上させる
だけではなく、多様な力を養うことができることを部員に伝えてほしい
ものです。

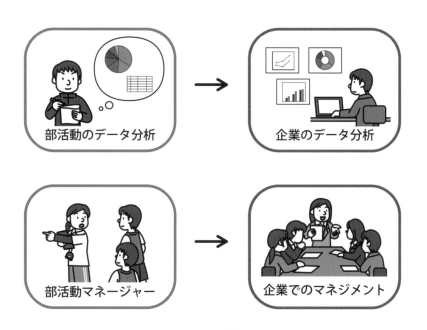

3　生徒の努力などプロセスを重視したこまめな声かけ

　既に本章の中でも述べていますが、生徒は部活動指導員からの情緒的サポートを強く求めています。そこで、部活動指導員が話しかける生徒が特定の子に偏っていないか、生徒の成果のみに注目しすぎていないかなど振り返ってみてください。生徒とのコミュニケーションを意識し、日頃の何気ない会話こそ笑顔で生徒の気持ちに寄り添って話しかけてみるとよいでしょう。特にあまり話さない生徒には、まずは「挨拶」＋「一言」を意識して、一日一度は話しかけるよう試みてください。

4　ハラスメントを防止した温かい部活動づくり

　部活動全体を心理的安心感が伴うサポーティブな雰囲気にするためには、ハラスメントを容認しない部活動運営が大切です。ハラスメントについては［基礎編］でじっくりと取り上げていますが、殴ったり蹴ったりという身体的ハラスメントのみではなく、言葉の暴力、無視などの精神的なハラスメントにも十分に留意する必要があります。性的ハラスメントの誤解を与えるような態度は特に厳禁です。例えば、性別を問わずマッサージと称して必要以上に体に触れたり、性的な発言によるからかいを行ったり、プライベートで個人的に会ったりするということは、教育上許されることではありませんので、十分に注意してください。ハラスメントは許さないという空気を指導者自ら**ロールモデル**としてつくっていくとよいでしょう。

5　学業との両立が可能になる工夫を

　スポーツ庁および文化庁のガイドラインでも示されていますが、部活動の練習時間には十分に配慮してください。本章ではあまり取り上げていませんが、部活動のストレッサーの一つに**学業との両立**の難しさが挙げられています。特に試験前や長期休みの際などは、部活動のみの生活にならないよう気をつけてください。あくまでも生徒の本分は学業なの

で、学業の妨げにならない時間的配慮を行います。これは、物理的サポートとしての環境調整に当たります。そして、生徒の進学に関しては、大人側の都合を押しつけるのではなく、あくまでも本人の希望を優先した進路相談を行ってほしいと思います。

6 学校との連携

　ソーシャルサポートの提供は部活動指導員一人では限界があります。生徒の問題が対人関係や家族問題に起因する場合、ぜひ学校との情報共有を行ってください。担任や管理職に生徒の状況を伝えたり、場合によってはスクールカウンセラーや養護の先生との連携も重要になってきます。部活動指導員が一人で問題を抱え込まずに、**学校との連携**を意識してチーム学校としてのサポートを行えるよう期待しています。

　以上、本章ではストレスモデルに基づいて、部活動を通したストレスを中心に述べてきました。ストレスは、ネガティブなことばかりではなく、生徒を成長させるアクセルともなります。思春期の素晴らしい大人との出会いは、子どもたちの人生を変えるものです。ぜひ皆さんも部活動指導員として、生徒たちと共にかけがえのない充実した時間を過ごしてください。

コラム③　　カウンセラーより：吹奏楽部の事例

　吹奏楽部は一部で「文化部の運動部」といわれるくらい活動がハードで、インターネット上には「吹部（吹奏楽部）あるある」があふれているくらい、人と語りたくなるような特色のある部活動のようです。筆者は運動部であったため、音楽室から聞こえてくる楽器の音をグラウンドで聞いていたくらいで、今回の事例に関わるまで吹奏楽部については全くの無知でした。そもそも、楽器の演奏には膨大な体力を使うという認識もなく、文化部なので体力はあまり使わ

ないものだと思っていたくらいです。しかし活動に走り込みや腹筋がある、希望した楽器を担当できないこともある、編成によってはメンバーから外れたり楽器が変わったりする、休日は 1 日 8 時間以上部屋に缶詰で練習するなど、運動部と共通する面と、違った厳しさ、大変さがあるということを知ることができました。このコラムでは、上記のことを教えてくれた事例について紹介していこうと思います。なお、事例の内容は本質を損ねない範囲で、個人が特定されないよう改変を加えています。

　Ａさんは中学校入学後、吹奏楽部に入部します。Ａさんは幼少期から音楽関係の習い事をしていたため、楽譜や楽器などには馴染みがありました。それもあってかＡさんは人気の楽器の担当になります。希望の楽器を担当することができたこと、吹奏楽という新たな世界への期待から、Ａさんは部活動を楽しみにしていました。

　部としては、最大の目標であるコンクールが夏に控えている状況でした。Ａさんは 1 年生ということもあり、そのメンバーに選ばれることはないと思っていたそうです。しかし、諸々の事情で人数が足りなくなり、急遽メンバーの候補に選ばれました。楽器やメンバーに関しては顧問の教員が選んでいましたが、コンクールに向けた指導は部活動指導員を招いていました。

　そしてここから、部活動指導員のＢ先生を招いてコンクールに向けた練習が始まります。ＡさんはＢ先生が厳しいことを先輩たちから聞いていたそうですが、その厳しさはＡさんの想像を超えていました。不機嫌そうにＢ先生が入室した瞬間から部屋の空気は張り詰めます。全体の演奏で少しでも引っかかったところがあると、1 人ずつ指名して全員の前で演奏させ、その演奏がだめだと思った場合には「ばか野郎」「耳腐ってんのか」「死んじまえ」といった言葉を怒鳴り声で浴びせました。Ａさんにとっては大きな衝撃を覚えた練習となりました。なんとか 1 日目の練習で指名されることはなかっ

たAさんですが、既に2日目から登校自体が憂うつで、「今度は自分が指名されるのではないか」と怯えながら練習に参加しました。そしてとうとうその日の練習でAさんはB先生から指名されます。あんなに練習したのに、緊張から呼吸もままならず音もまともに出せず、B先生から厳しい言葉を浴びせられてしまいます。その瞬間、Aさんは気を失ってしまい、気づいたら保健室で寝ていました。この件をきっかけに、B先生の指導に対する不満が上の学年の生徒を中心として噴出し、B先生は指導から外れることになります。Aさんは数週間、すごく楽器を演奏したいのにどうしても楽器を持つことができず、当然部活動にも参加できませんでした。しかし、周囲のサポートもあり、徐々に部活動に復帰していきました。その後、Aさんは高等学校に進学しても吹奏楽を続けたそうです。

　今回の事例では、部活動指導員が指導から外れるという結果になりましたが、Aさんの件がなかったら、そのままの指導が続いていた可能性もあります。先述の「吹部あるある」などを見ていても、この事例と似たような指導は少なからずあるようです。ハラスメントは許されるものではないのにもかかわらず、それに近いものが「指導」という名で残されている活動も多いように感じます。その活動の文化や慣習をそのまま取り入れるのではなく、思春期という多感な時期の生徒が、部活動という貴重な体験を通して大きく成長できるような、そのような指導であればよいなと思います。

復習問題

❶　ストレスモデルについて説明しましょう。

❷　ストレス反応を<u>高めやすい</u>性格特性を、Ａ〜Ｄからすべて選び
ましょう。
- 　Ａ　楽観主義　　　Ｂ　完全主義
- 　Ｃ　タイプＣ　　　Ｄ　タイプＡ

❸　ストレス反応として当てはまるものを、Ａ〜Ｅからすべて選び
ましょう。
- 　Ａ　イライラする　　　Ｂ　やる気が出ない
- 　Ｃ　憂うつになる　　　Ｄ　お腹が痛くなる
- 　Ｅ　不安が高まる

第4章 生徒のこころの不調とその対応

学習のポイント

● 思春期の生徒たちのこころの不調について理解する

● こころの病気にはどのようなものがあるのかを理解する

● こころの不調への対応やケアのやり方を理解する

　この章では、生徒たちに時として見られる、こころの不調について解説します。まずは、思春期の生徒たちに見られるこころの不調の特徴について見ていきます。次に、その発展型としてのこころの病気にはどのようなものがあるのかを見ていきます。最後に、こうしたこころの不調や病気に対して、どのようなことに気をつけて、どのように対応したらよいのかを考えていきましょう。

1 思春期の生徒のこころの不調

1 思春期における身体とこころの変化

　部活動の主役であり指導の対象でもある生徒たちは、**思春期**と呼ばれる時期の真っ只中にあります。この思春期の最大の特徴は、**身体の発達とこころの発達との間のアンバランス**にあります。このアンバランスこそが思春期におけるこころの不調の源泉であり、思春期におけるこころの不調の特徴の多くもここから理解できます。

　個人差はありますが、多くの子どもでは小学校高学年から中学校にかけて、まずは自身の身体に起きる大きな変化として思春期が始まります。身長や体重の急激な増加といった量的変化だけでなく、声変わりする、陰毛が生える、胸がふくらむ、生理が始まるなど、いわゆる**第二次性徴**

に伴う著しい質的変化も起きます。さらに、こうした第二次性徴の出現とあいまって、性に関する欲求や衝動も高まってきます。このように思春期は、生徒たち自身にとっては、**欲求や衝動も含めた身体の急激な変化**として自覚されるものなのです。

　その一方で、生徒たちのこころの方は、この時期までにそれほど大きく発達することはなく、まだまだ未熟な段階にあると考えられています。実際、こころの働きの基盤となる脳はまだまだ十分に成熟しておらず、欲求や衝動をコントロールする働きを担うとされる前頭前野などは、10代後半になってもまだ発達途上にあるといわれています。つまり、思春期の生徒たちのこころは、自身の身体に起きた急激な変化を受け入れ、さらには突如として高まった性に関する欲求や衝動を適切にコントロールできるほどには十分に発達していないのです。

　このように思春期の生徒たちは、こころの発達が身体の発達に追いついていない状況にあるといえます。それにもかかわらずこの時期になると、同性同年代の仲間との交流が増えるなど、自身をとりまく社会的環境にも質的な変化が生じてきます。結局のところ、生徒たちにとって思春期とは、自身の身体や自身をとりまく環境の急激な変化に翻弄されて右往左往している非常に苦しい時期なのです。

2　思春期におけるこころの不調の特徴

　ここまで述べてきた思春期の特徴を踏まえて、思春期の生徒たちに時に見られる、こころの不調について考えてみましょう。ここで「**こころの不調**」とは、生徒たちが不安やうつなどのネガティブな感情に圧倒され、勉強や部活動、家庭や学校における人間関係などに支障をきたしている状態のことをいいます。思春期の生徒たちだけでなく大人でも、家族との不和や仕事上の失敗などをきっかけにして気持ちが落ち込み、一時的にふさぎ込んだり仕事の能率が落ちたりすることはあるでしょう。「こころの不調」という語は、このように**一時的にこころに生じた不具**

合全般のことを意味しています。

　前項で述べたように、思春期におけるこころの不調の特徴の多くは、身体の発達とこころの発達との間のアンバランスから理解できます。つまり思春期の生徒たちは、自身の身体に起きた急激な変化にこころの発達がついていけず、自分自身を見失ったり、環境にうまく適応できなくなったりすることにより、こころの不調をきたすわけです。

　それでは、思春期におけるこころの不調の特徴を見ていきましょう。

①衝動性と傷つきやすさが共存している

　思春期になると、こころはまだまだ未熟であるにもかかわらず、身体だけは大人に近づくことから、周囲の大人から一人前に見られようと背伸びをするようになります。その反面、少し失敗すると途端に自信をなくして簡単に傷つきます。周囲の大人に対してやみくもに反発・反抗したかと思えば、妙に甘えて依存的になったりするのはそのためです。

②周囲の目を気にする

　思春期になると、自意識の高まりとともに、周囲の人からの評価を気にするようになります。その一方で、まだまだこころは未熟であるため、自分自身を評価するためのしっかりした基準がありません。そうなると、自分の容姿や言動を周囲の人がどのように評価しているのかが、気になって仕方なくなります。周囲の仲間や大人からの些細な言動に逐一反応して、一喜一憂するようになるのはそのためです。

③自己肯定感が低下しやすい

　思春期になると周囲の人と自分とを比較するようになり、それまで何となく持っていた「自分は特別な存在だ」という幼稚で誇大的な自己肯定感が揺らぎ始め、「自分も周囲の人と変わらない存在だ」と感じられるようになります。さらには、些細な失敗や周囲からの批判をきっかけ

に、「自分は周囲の人よりも劣った存在だ」という劣等感を抱くようになることもあります。自己肯定感が幼稚なものから健全なものへと変わっていくこと自体は正常な発達ですが、必要以上に自己肯定感が低下すると、こころの病気につながるおそれがあります。

　以上のような思春期におけるこころの不調の特徴を踏まえた上で、次節では、こうしたこころの不調がどのようにしてこころの病気につながっていくのかを見ていくことにしましょう。

2　さまざまなこころの病気

　前節で述べたように、「こころの不調」とはこころに生じた一時的な不具合であり、多くの場合には何もしなくても自然に回復しますし、周囲の人の適切な対応やケアによって、その回復をさらに早めることも可能です。しかしながら、何らかのきっかけによってこころの不調をこじらせてしまい、こころの病気に発展してしまうことがあります。

　本章における「こころの病気」とは、**こころの不調をこじらせて、学校や家庭における生活全般に持続的な悪影響を及ぼすようになり、精神科医によって何らかの病名がつくようになった状態**のことをいいます。この状態になると、周囲の人の適切な対応やケアだけでは回復させることができず、精神科医療による治療やケアが必要となります。

　以下では、実際にどのようなこころの病気があるのか、思春期の生徒たちに見られやすいものを中心に解説していきます。

1　抑うつ障害群

　ここに属するのは、気分の異常な落ち込みを主症状とする**うつ病**と、気分の異常な落ち込みと異常な高揚を周期的に繰り返す**双極性障害**を中

心としたこころの病気です。**気分とは日常生活全体の背景となる感情の**ことであり、短くても週の単位で持続し、私たちの行動や考え方全般に影響を及ぼすものです。したがって、「友人とケンカをして落ち込んだ」「試合で活躍して有頂天になった」などといった感情の変化は、気分の異常とはいえません。これらの感情は、例えばその友人と仲直りをしたり試合でミスをしたりするだけで容易に変化してしまいますし、その生徒の行動や考え方全般に影響を及ぼすようなものではないからです。

それに対し、うつ病にかかると単に持続的に気分が落ち込むだけでなく、「活発さを失う」「ふさぎ込む」といった行動面の症状、「生きている価値がないと思う」「集中力がなくなる」といった思考面の症状、「眠れない」「食欲がない」といった身体面の症状など、あらゆる方面の症状が見られるようになります。いったんこの状態に陥ってしまうと、自力ではもちろん、周囲の人の対応やケアだけでは回復させることはできず、事態は悪化する一方になります。そうなると、部活動や学校に通うことができなくなるばかりか、最悪の場合には自殺に至る危険性もあります。したがって、うつ病にかかっているかもしれないと思う生徒を見つけたら、可及的速やかに精神科医療機関につなげることが大切です。具体的な対応の仕方については次節で詳しく解説します。

なお、気分の異常な落ち込みと異常な高揚を周期的に繰り返す双極性障害についても、ひとまずうつ病と同じように考えて構いません。双極性障害の場合であっても、本人を苦しめて学校や部活動で問題になるのは気分の異常な落ち込みの方であり、注意点や対応の仕方はうつ病の場合と同様だからです。

② 不安症群

「不安」とは、心配したり恐怖を感じたりといった、**こころが落ち着かない状態にあること全般**を意味しています。私たちは誰でも、多くの人の前で話をするときに緊張して汗をかいたり、大事な試合の直前に心

臓がドキドキしたりします。こうした正常な不安は、「今大変なことが起きている」とか「これから危険なことが起きるかもしれない」といったことを私たちに知らせ、普段よりもしっかり覚醒してテキパキ動けるように身体を準備する、という大切な役割を担っています。しかしながら、こうした不安が強くなりすぎて、その不安に圧倒され、学校や家庭での生活に支障をきたすようになると、「**不安症**」と呼ばれるこころの病気になります。以下では、代表的な不安症として、「社会不安症」と「パニック症」について解説します。

「**社会不安症**」とは、人に注目されることや人前で恥ずかしい思いをすることを極度に恐れ、人と話すことや集団の中に入ることを避けるようになる病気です。前節で述べたように、思春期の生徒たちは周囲の目を過剰に気にする傾向にありますから、人と接する場面で緊張したり、人前で恥ずかしい思いをするのを恐れたりすること自体は問題ではありません。しかしながら、こうした不安を恐れるあまり、生活上必要な社交場面（授業や部活動など）さえも避けるようになってくると、その状態は病気といえます。困ったことに、ひとたび必要な社交場面を避けるようになると、その場面をますます恐れるようになり、ますます避けるようになってしまいます。

「**パニック症**」とは、突然何の前触れもなく、動悸、過呼吸、冷や汗などの症状（これらは「身体的不安症状」や「自律神経症状」などと呼ばれます）に発作的に襲われ、その後もこうした発作（これを**パニック発作**と呼びます）を繰り返す病気です。パニック発作自体は比較的短時間で治まりますが、「いつどこでまた発作が起こるか分からない」という不安（これを**予期不安**と呼びます）に圧倒され、やがては生活上必要な外出さえも避けるようになります。

社交不安症もパニック症も、症状がひどくなると行動範囲は狭まる一方となり、最悪の場合には自宅に引きこもってしまうおそれもあります。この状態にまで至ると、もはや周囲の人の対応やケアだけでは回復させ

ることはできず、精神科医療による治療やケアが必要になります。

3　強迫症群

　「強迫症」とは、自分の意思に反して勝手に頭に浮かんでくる**強迫観念**と、自分の意思に反してやめることのできない**強迫行為**からなる病気です。もう少し具体的に説明すると、「手が汚れている」「家の鍵をかけ忘れて泥棒に入られる」といった考えが、「もう考えないようにしよう」と思っているにもかかわらず繰り返し頭に浮かんできてしまうために、「手洗い」や「鍵の確認」といった行動が、自分でも「もうやめたい」と思っているにもかかわらずやめることができなくなってしまう、といった具合です。この病気にかかると、ひたすら長時間にわたって何度も手洗いをしてしまったり、時には家族を巻き込んで、鍵をきちんとかけたかどうかを何度も繰り返し確認したりしてしまうため、部活動や勉強などの重要なことができなくなってしまいます。

　周囲からするといかにもばかばかしく見えますが、実はそれ以上に本人も「もうこんなばかげたことはやめたい」と思っているのであり、むしろそう思えば思うほどやめられなくなるという非常に苦しい病気です。したがって、強迫行為をしてしまっている人に向かって「そんなばかげたことはやめなさい」と言って止めようとすることは、単に効果がないばかりか、苦しんでいる本人をさらに苦しめることになります。このような状態に至って生活に支障をきたすようになると、自力ではもちろん、周囲の人の対応やケアだけでは回復させることはできず、精神科医療による治療やケアが必要になります。

4　摂食障害群

　食事の量を極端に制限したり、逆にむちゃ食いをしたりといった、食行動に関連した病気であり、「拒食症」と「過食症」（それぞれ正式には**神経性やせ症**および**神経性過食症**と呼ばれます）の2つがあります。ど

ちらも、自身の体型を過剰に気にする思春期の女子生徒ならではの病気であり、ダイエットをきっかけに発症することが多いという特徴があります。

「拒食症」の方は、食事の量を極端に制限することで体重が著しく減る病気であり、生理がとまったり、体力が落ちたりします。周囲からすると骸骨のようにやせて見えていても、本人は全くやせているとは思わず、食事をさらに制限してもっとやせようとします。もう一方の「過食症」は、いったん食べ始めるとやめることができずに大量の食べ物を食べてしまうのですが、体重が増えることを恐れ、自分で嘔吐したり下剤を使ったりして食べ物を身体から排出しようとします。そのため、過食をしている割には体重は増えていないことが多いのですが、本人は食欲をコントロールできないことで自己嫌悪に陥ったり、過食・嘔吐をするたびに落ち込んだりしています。

一見対照的な拒食症と過食症ですが、**体重が増えることや太ることを過剰に恐れていること**、その背景にやせた体型への賛美や憧れがある、という点は共通しています。実際、当初は食事制限がうまくいって拒食症の症状を呈していても、そのうちに食欲が抑えられなくなって過食症の症状を呈するようになることもしばしばあります。

いずれにしても摂食障害は、食事制限による低栄養や嘔吐による電解質異常などを通じて、こころだけでなく身体にも重篤なダメージを及ぼす点に大きな問題があります。そのため、摂食障害にかかってしまった生徒に対しては、精神科医療による治療やケアよりも、高度な内科的治療が優先されることもしばしばあります。自殺の危険性が非常に高いという点も含め、数あるこころの病気の中でも、とりわけ思春期の生徒の命を奪う危険性の高い重大な病気であるということを、きちんと認識してもらいたいと思います。

3 こころの不調への対応

　ここでは、こころの不調をきたしている、あるいは不調をきたしていることが疑われる生徒に対してどのように対応すればよいのかを、「**気づく**」「**傾聴する**」「**つなげる**」「**見守る**」の 4 段階に分けて解説します。

1 気づく

　周囲の目を気にしがちで自己肯定感が低下しやすい思春期の生徒にとって、自身のこころの不調について周囲の大人たちに相談するのはとても難しいことです。それどころか、「こんなことで悩んでいるのは自分だけに違いない」「『メンタルの弱い奴』などとばかにされるに違いない」などと考え、周囲の人に察知されないように無理に明るく振る舞ったりすることさえあります。したがって周囲の大人たちは、生徒たちが自らこころの不調について相談しに来てくれるなどとは、間違っても期待してはいけません。こころの不調をきたしていると少しでも疑われる生徒を目にしたら、こちらから積極的に話しかけ、問題に気づいてあげることが必要になります。

　それでは、生徒たちのどのような変化に気をつけたらよいのでしょうか。もっとも重要で分かりやすいのは、部活動や学校に来なくなるといった変化です。これまで毎回部活動に参加していた生徒が、あるときから急に連続して休むようになったとしたら、既にかなり重篤な不調をきたしているおそれがあります。それ以外にも、部活動に集中せずにボーッとしていることが多くなった、服装や持ち物が急に乱雑になった、などといった変化にも気をつける必要があります。これらはいずれも、無理して元気に振る舞ったとしてもなかなか隠すことが難しい変化だからです。

　生徒に話しかける際には、必ず周囲に人がいない静かな場所と時間を選んでください。周囲の人に知られてしまうおそれが少しでもあると、

本当のことを話してくれなくなるからです。その上で、「私は○○君の△△を心配している」といったような、私を主語とした形式（**アイ・メッセージ法**と呼ばれます）で話しかけましょう。まずはこちらが心配していることだけを伝え、話を無理強いしないことが大切です。いずれにしても、話しかけた生徒が自身の問題について少しでも話し始めたなら、第1段階は成功といえます。

❷　傾聴する

　生徒が話し始めたら、何はともあれ、口を挟まずにきちんと話に耳を傾けましょう。悩んでいることを話すわけですから、話がまとまっていなくて当然です。思わず途中でコメントを挟みたくなるかもしれませんが、そこは少し我慢して、話が理解できなくなったときにだけ、「○○君の言っていることは△△ということなのかな」という形で、こちらがきちんと理解できているのかを確認しましょう。そして生徒が一通り話し終えたら、何はともあれ、「話しにくいことを打ち明けてくれてどうもありがとう」などとしっかり労うことが大切です。こうした労いの言葉が一言あるだけで、後の段階が随分とスムーズになるものです。

　生徒の話を一通り聞き終えてしっかり労ったら、いよいよこちらから質問をします。ここでの目的は、生徒の抱えるこころの不調がどれくらい深刻なのかを評価することにあります。この評価に基づいて、このまま様子を見ても大丈夫なのか、それともすぐに医療機関を受診してもらった方がよいのか、といったことを判断します。とはいえ、生徒が抱えているこころの不調がこころの病気といえるレベルまで深刻なのかどうか、線引きは容易ではありません。ここではひとまず、「学校に通うことが可能なのかどうか」という基準を用いることをお勧めします。どのようなこころの不調であれ、これまで普通に通学していた生徒が急に通学できなくなったということであれば、その不調は病気といえるレベルまで深刻化しているおそれがあります。

❸ つなげる

　たとえ病気とまではいえないレベルの不調であったとしても、ある程度深刻なこころの不調であると判断されたなら、適切な関係者や医療機関と情報共有して連携する必要があります。もしかしたら、生徒から「このことは誰にも話さないでほしい」と懇願されることがあるかもしれませんが、決して一人で抱え込んではいけません。アイ・メッセージ法を用いてこちらの不安や心配をはっきり伝え、適切な関係者と協力して問題を解決していく必要があることを生徒に理解してもらいましょう。

　しかしそうかといって、生徒の意向を無視して勝手に関係者と情報共有してはいけません。たとえそれが生徒の両親（保護者）であったとしてもです。まずは生徒に、このことを誰か他の人に相談したのか、尋ねてみてください。その上で、誰となら情報共有してもよいのか、尋ねてみましょう。中学生や高校生なら、両親（保護者）、担任の先生、養護教諭、スクールカウンセラーといったところでしょうが、どの関係者と真っ先に情報共有すべきかは、生徒によってケースバイケースです。

　生徒の両親（保護者）と連携することができたなら、ケースによっては医療機関の受診を提案する必要が生じてくるかもしれません。ただしその場合には、「精神科」や「心療内科」といった科名までは出さない方がよいでしょう。両親（保護者）によっては、こころの病気に偏見を持っていたり、自分の子どもがこころの病気にかかっていることを容易には受け入れられなかったりすることがあるからです。

❹ 見守る

　適切な関係者と連携することができ、例えば精神科医療機関に通院したり、定期的にスクールカウンセラーによるカウンセリングを受けるようになったりしたとしても、それで生徒との関係が終わるわけではありません。生徒のこころの不調がきちんと回復に向かっているかどうか、しっかりと見守り続ける必要があります。何より、部活動における生徒

の様子は、この点に関して重要な情報を提供してくれます。場合によっては、連携した関係者の方から、部活動における生徒の様子について尋ねられることがあるかもしれません。そのようなときには、具体的で正確な情報を関係者に伝えましょう。

　しかしそうかといって、きちんと治療やカウンセリングを受けているのかどうか、いちいち生徒に確認するようなことをしてはいけません。気になる気持ちは分かりますが、こころの病気は単純な経過で回復することは少なく、良くなったり悪くなったりを繰り返しながら全体として回復に向かっていくことが多いのです。むしろ、不調や症状のことはあえて話題にせず、その生徒の好きなことや得意なことを話題にすることにより、生徒の健康的な面を広げていくような関わりをする方が、生徒の回復には貢献できるといえます。

4 不安やうつとのつきあい方

　ここまで見てきたように、こころの不調には、**不安やうつなどのネガ**
ティブな感情が陰に陽に関わっています。とはいえ、「大事な試合のこ
とを考えて不安になった」「試合でミスをして落ち込んだ」などといっ
た日常的に感じる不安やうつは、決して異常なものではありません。そ
れどころか、こうした不安やうつには、「大事な試合に備えてしっかり
練習しよう」「二度とミスをしないような工夫をしよう」などといった
気持ちをもたらし、将来のより良い行動へと私たちを駆り立てる大切な
働きがあります。不安もうつもできれば関わりたくない不快な感情では
ありますが、こうした感情があるからこそ、私たちは過去の失敗を真剣
に反省し、将来起こり得る失敗を回避することができるのです。このよ
うに考えていくと、こころの不調につながっているのは、不安やうつな
どのネガティブな感情それ自体ではなく、こうしたネガティブな感情と
のつきあい方にあるとはいえないでしょうか。以下では本章の締めくく
りとして、不安やうつを中心としたネガティブな感情とのつきあい方に
ついて考えてみましょう。

　そもそもなぜ、私たちは時に不安やうつなどのネガティブな感情を感
じなければならないのでしょうか。しばしば見落とされがちですが、不
安やうつの背後には強い**願望**が隠されています。大事な試合のことを考
えて不安になるのも、試合でミスをして落ち込むのも、それぞれの背後
に「試合で結果を残したい（勝ちたい）」および「ミスをしたくない」といっ
た強い願望があるからです。こうした願望がなければ、どんなに次の試
合のことを考えようとも、どんなにひどいミスをしようとも、そもそも
不安もうつも感じることはないはずです。言い換えれば、**不安もうつも**
生徒が持っている強い願望の裏返しなのです。

　この点をきちんと理解していれば、不安やうつを感じている生徒たち

に対する反応は随分と違ったものになるはずです。というのも、こうした不安やうつの背後に、生徒たちが持つ力強い**成長欲求**を見ることができるからです。もし、こうした見方ができるなら、大事な試合のことを考えて不安になったり、試合でミスをして落ち込んだりしている生徒に対して、間違っても「何か他のことを考えて不安を紛らわせよう」とか「落ち込んでいるのは時間の無駄だよ」などといったアドバイスはできないはずです。不安やうつは、紛らわせたり排除したりしようとすればやっかいな邪魔者になりますが、きちんと向き合えば、背後にある願望を現実のものにする強力な力になるのです。

　それでは、不安やうつを感じている生徒たちにどんな言葉をかけてあげればよいのでしょうか。いうまでもなく、「不安だよね」「落ち込むのも無理はないよね」といった共感の言葉は必須です。ただ、それだけで終わってしまってはあまりにももったいないといえます。ぜひとも、

「そうか、今度の試合には何としても勝ちたいんだね」「まさか自分があんなミスをするとは思わなかったんだね」など、生徒たちの不安やうつの背後にある願望を思いやるような言葉をかけてあげてほしいと思います。その上で、「じゃあ、今度の試合で絶対に勝つための作戦を一緒に考えよう」「二度とあんなミスをしないような練習方法を一緒に考えよう」など、背後にある願望を現実のものにする具体的な行動へと、生徒たちの背中を押してあげてください。

　不安やうつなどのネガティブな感情を抱えることは、私たち大人だけでなく、生徒たちにとってもつらい体験であることに違いはありません。けれども、こうした感情ときちんと向き合い、それらの力を生かして自らの願望を実現できたという体験は、生徒たちにとってかけがえのない貴重なものになるはずです。このように、ネガティブな感情との正しいつきあい方を体得することは、部活動を通じて得られる大切な学びの一つではないでしょうか。

コラム④　カウンセラーより：不登校に至った事例

　部活動は、児童生徒の成長発達にとって、大きな役割を果たしています。しかし、部活動の体験が、大きなつまずきの体験となることもあります。このコラムでは、これまでに出会った事例のうち、部活動に端を発する心身の不調が、その後の適応に大きな影響を及ぼした事例について紹介します。なお、紹介についての了解を得た上で、個人が特定されないように改変を加えています。

　Ｂさんは、小学校入学前から兄の影響で柔道を始め、高等学校進学にあたって、柔道の強豪校へと進学します。夢に燃えて進学したＢさんでしたが、最初の練習で、礼儀作法について厳しく指導されます。それまでの道場と比べて、より厳しい作法を求められました。和気藹々とした雰囲気の中で柔道に親しんできたＢさんにとって、

高等学校での練習は戸惑いの連続でした。納得できない気持ちが表情に出ていたのでしょうか、次第に部活動指導員の指導がBさんに集中していきます。「お前に畳に乗る資格はない」と、畳にすら乗れない日々が続きました。あるとき、他の部員の前で、大声で長時間怒鳴られるということがありました。このことをきっかけに、それまで歯を食いしばって練習に参加していたBさんの中で、何かの糸がぷつんと切れてしまったようでした。

　明るかったBさんから笑顔が消え、自室にこもることが多くなりました。朝もベッドから起き上がることができず、学校も休まざるを得ませんでした。高等学校での成績も優秀だったBさんを、学校側は引き止めてくれましたが、1年生の冬に、Bさんは別の学校に転学します。その後、少しずつ登校できる日が増え、Bさんらしさを取り戻し始めます。しかし、部活動指導員を思い出して、男性教員とは話をすることができず、柔道に関するテレビ番組を見たり、柔道に関する話題が出たりすると、呼吸が苦しくなるなどの影響が続いていました。

　その後、大学生となったBさんは、再び登校が困難になります。きっかけは、大学の男性教員との関わりでした。教員の仕草が、当時の部活動指導員の姿と重なりました。その後、休学、そして他大学への転学と、時間をかけて安心感を積み重ねながら、新しい場で大学生活を送っています。

　Bさんの事例を通して、部活動でのつまずきが、数年にもわたり生活全般に影響を及ぼしていることが分かります。Bさんは、高等学校1年時の体験から、大好きな柔道ができなくなりました。それだけでなく、過去の出来事に縛られて、登校できない自分への無力感を強く感じていました。それまでに育んできた自尊心や自己評価が崩れてしまったのです。また、Bさん本人は、数年経った今でも当時の体験を語ることができません。人が、強い恐怖の体験をした

ときの反応として、闘う／逃げる／凍り付きの３つの反応が知られています（ヴァン・デア・コーク著／柴田訳、2016）。凍り付きとは、周囲の状況が安全ではないと感じられた際に感情や知覚を一時的にシャットダウンしてしまう反応ですが、おそらく当時のＢさんにはこの反応が起きており、記憶の切り離しが現在も続いていると考えられます。周囲の大人たちには、処理できないほどの傷つきや恐怖を体験しているからこそ、「つらい」と言えないときもあることを知っておいてほしいと思います。

　今、Ｂさんは、看護師になるという夢に向かって動き始めています。幼少期から柔道で培った粘り強さを発揮して、課題や実習に取り組む姿を見ていると、これまで積み重ねてきた時間が、Ｂさんの力になっていることを感じます。人は、大きな傷つきの体験すら、自分を成長させる契機とすることを教えてくれます。部活動を通じて、生徒は、さまざまな葛藤を経験します。それらの葛藤を、指導者の見守りや仲間との励まし合いの中で乗り越えられるような、そんな部活動であってほしいと思います。

復習問題

● 次のA～Hの文章を読み、適当なものには○、適当でないものには × をつけましょう。

A 思春期には身体に変化が生じるが、自身の衝動や欲求をコントロールして社会に適応する能力が増大するなど、こころの変化として自覚されることが多い。

B 思春期になると自分を評価する基準が安定してくるため、周囲の目を気にしなくなることが多い。

C 本人にとって著しい気持ちの落ち込みは、たとえそれが一時的で、その生徒の行動や考え方には影響を及ぼさなかったとしても、うつ病と診断されることがある。

D 過食症は、体重が増えることや太ることに対する過剰な恐れを中心としたこころの病気であり、身体に重篤な悪影響を及ぼすことはない。

E 思春期の生徒はこころの不調を自覚するとすぐに周囲の大人に助けを求める傾向があるため、生徒が自分で相談しに来るまで待つことが基本である。

F 急に学校に通えなくなるなどの変化があり、こころの病気にかかっていることが疑われる生徒を見たときには、直ちに両親（保護者）に連絡すべきである。

G 不安やうつなどのネガティブな感情は、それ自体がこころの病気の原因となる。

H 不安やうつを感じることは生徒たちにとってつらい体験であるため、他のことを考えて気を紛らわせてもらうなどの対応により、取り除いてあげることが大切である。

❷　部活動指導をしている生徒の一人（Ａ君）から次のような相談
をされたとき、部活動指導員の立場からあなたならどのような言
葉をかけてあげますか。考えてみましょう。

　「先生も知っていると思うけど、この前の準決勝の試合は、僕
のあのときのミスが原因で負けてしまったんです。あれ以来何だ
か自信がなくなってしまって、練習にも身が入らないし、もう部
活をやめようかとも思っているんですが、先生はどう思います
か。」

第5章　思春期の身体

1　思春期の脳と身体の発達

　思春期は、**第二次性徴**により身体が短期間で急激に変化し成長する時期です。この時期は、**成長スパート期**（**図5-1**参照）とも呼ばれています。そして徐々に、男性・女性として身体が成熟していきます。この急激な変化は、身体の大きさや形、生殖機能だけに起こるものではありません。同様に、脳の中でも大きな変化が起きています。

　ヒトの脳は、6歳頃までに大人の90％程度の大きさに成長します。その後、思春期を迎える頃に、脳の構造が大きく変化し、20代後半～30歳頃までに成熟していくと考えられています。思春期を迎えた脳は、視床下部から性腺刺激ホルモン（GnRH）を放出し、第二次性徴が始まります。そして第二次性徴が起こることにより、急激な身体発育（成長スパート）が起こり、男性・女性として身体が成熟していきます。

　その後、急激な身体発育に対応するため、脳の中の動作や感覚器官の情報を処理する基本機能を司る部位（大脳基底核や小脳など）が成熟していきます。そしてこれに続くように、脳の中の感情と報酬感を制御している部位（側坐核や大脳辺縁系）、空間知覚や言語に関連する部位（頭頂葉）、衝動的行動を抑制する部位（前頭前皮質）などが成熟していきます。そして最後に、情報の統合や論理的思考および実行機能など複雑

な思考を司る領域（前頭前野）が成熟していきます。

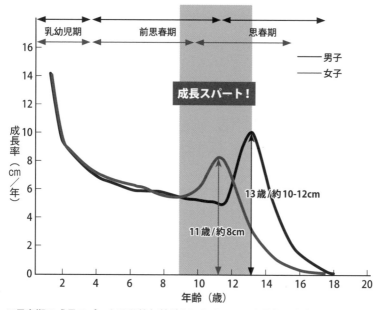

図5-1 身長の伸びの変化

※思春期の成長スパートは開始年齢が人により4～5歳異なります。
参考：平成12年乳幼児身体発育調査報告書（厚生労働省）及び平成12年度学校保健統計調査報告書（文部科学省）
出典：順天堂大学女性スポーツ研究センター「スラリちゃん、Height！パンフレット」2021年

2 思春期男子の身体変化と部活動指導員の適切な関わり

1 男子の身体変化

　思春期を迎えた男子の脳では、視床下部から性腺刺激ホルモン（GnRH）が放出され、男性ホルモンの一種**テストステロン**の分泌が増加することで、第二次性徴が始まります。男性ホルモンの分泌量は、20歳前半まで上昇を続け、その後緩やかに減少していきます。そして、男

性ホルモンによる働きは、成長スパートや生殖器の発達だけでなく、筋肉や骨、咽頭、内臓などの多くの器官に大切な影響をもたらします。男子の第二次性徴期は、女子よりも少し遅く、おおよそ9～14歳頃にやってきます。この頃の男子の特徴として、①**骨量と筋肉量の増加**、②**変声**、③**行動の活性化**、が挙げられます。

①骨量と筋肉量の増加

　思春期の男子は、急激な**骨量と筋肉量の増加**により一時的に骨や筋肉がアンバランスな状態になってしまうことがあります。思春期を迎えた男子は、女子よりも成長率が大きく、当然、骨も筋肉も急激に成長していきます。思春期の男女ともに共通しますが、急激な身体発育（成長スパート）が起こることで、一時的に**骨の強度が脆弱な状態**になります。さらに、筋肉や腱は、骨よりも遅れて成長していくため、成長した骨に合わせて過緊張状態となり、一時的に**筋肉の柔軟性が低下**します。また、急激な体形の変化により、それまでと同じように身体を動かすことができず一時的な**身体感覚のズレ**に戸惑うこともあります。

②変声

　思春期の男子は、**変声（声変わり）**により声が低くなります。第二次性徴期の終盤、平均15歳頃に起こり、**数カ月～1年ほど声の不調**が続きます。そして、その後も徐々に変声が進み20代で大人の声になります。変声は、テストステロンの影響で咽頭軟骨が成長し声帯が長く厚くなることで起こります。咽頭の成長と変化に伴って、しばらくは声が安定しません。さらに、顔の骨が発育していくことで一層声が低くなります。

③行動の活性化

　思春期の男子は、テストステロンが急激に上昇することで、**行動が活性化**します。テストステロンが急激に上昇する思春期は、**好奇心旺盛に**

なる、攻撃性や衝動性が高まる、リスクを取る判断をしやすい、極端な判断をしやすいといった特徴が報告されています（Maras et al., 2003；井手・堀江、2011）。部活動やクラブ活動の場面では、けが等で練習から外れてしまった場合などに、レギュラーやポジション争いの焦りから、自身の身体の状態を考えず無理をしたり、練習をしすぎてしまったりすることが起こりやすいので注意が必要です。

2 男子に対する部活動指導員の適切な関わり

　部活動指導員は、男性ホルモンの働きや身体の変化について正しい知識を持った上で、生徒が身体の状態を把握し適切な判断ができるよう支援し、相談できる環境を整えることが大切です。

相談できる環境の例

・セルフモニタリングの導入（日誌、アプリなどを活用）。
・身体の状態や身体感覚についての状態を共有する。
・養護教諭や学校医に相談窓口になってもらう（可能ならチームドクターを持つ）。
・過剰な負荷がかからないよう、個々の状態に合わせた練習内容や量を計画する。
　※ 理論的根拠を示しながら、他者との差によって過剰な劣等感が生じないように配慮する。
・コンディション管理の話をする機会を設ける。
・保護者にも、コンディション管理に積極的に参加してもらう。

　思春期の男子は、「できる・できない」などの極端な二者択一的判断をしてしまいがちです。他者との比較から焦りを感じ、練習をしすぎてしまった結果、**オーバーユース**の状態に陥ってしまうことも珍しくありません。オーバーユースとは、身体のどこか一部に、長期的な負担がか

かり続けることで、各組織（筋肉、腱、靭帯など）が損傷してしまうことを意味しています。

　部活動指導員は、生徒のオーバーユースを予防するためにも、生徒の身体の状態を丁寧に把握し、無理をしそうな場合には**理論的根拠**を示しながら練習の内容や量を制限することが大切です。また、**セルフモニタリング**を導入することで生徒自身が身体や身体感覚に気づけるようになり、自己管理能力の向上を促すことができます。

　身体に関する話題に対して、冗談でごまかす、からかう等の言い方は、絶対にしてはいけません。部活動指導員が、一人ひとりの状態を丁寧に把握し、活用できる資源を考慮しながら対応を考えていくことが求められます。

3　思春期女子の身体変化と部活動指導員の適切な関わり

1　女子の身体変化

　思春期を迎えた女子の脳では、視床下部から性腺刺激ホルモン（GnRH）が放出され、女性ホルモン**エストロゲン**（卵胞ホルモン）と**プロゲステロン**（黄体ホルモン）の分泌が増加することで第二次性徴が始まります。女子の第二次性徴期は、男子よりも少し早く、おおよそ8〜14歳の間にやってきます。女性ホルモンによる働きは、成長スパートや生殖器の発達だけでなく、筋肉や骨、脂肪、内臓などの多くの器官に大切な影響をもたらします。特に、思春期以降の男性との大きな違いは、①**筋肉量**、②**体脂肪率**、③**月経**（妊娠・出産）にあるといえます。

①筋肉量

　思春期以降の女性は身長や体重が男性より小さく、**筋肉量**も男性よりも少ないのが特徴です。思春期を迎えた女子の筋肉の発達は、男子より

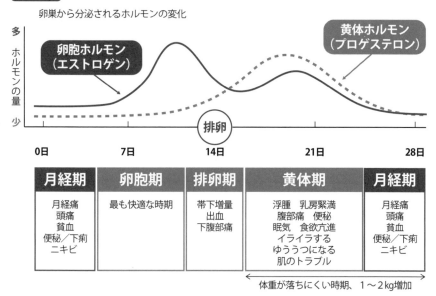

図5-2 月経周期に伴う身体とこころの変化

卵巣から分泌されるホルモンの変化

多
ホルモンの量
少

卵胞ホルモン（エストロゲン）

黄体ホルモン（プロゲステロン）

排卵

0日　　7日　　14日　　21日　　28日

月経期	卵胞期	排卵期	黄体期	月経期
月経痛 頭痛 貧血 便秘／下痢 ニキビ	最も快適な時期	帯下増量 出血 下腹部痛	浮腫　乳房緊満 腹部痛　便秘 眠気　食欲亢進 イライラする ゆううつになる 肌のトラブル	月経痛 頭痛 貧血 便秘／下痢 ニキビ

体重が落ちにくい時期、1〜2kg増加

出典：京都府立医科大学大学院女性生涯医科学（産婦人科）『アスリートのための月経困難症対策マニュアル』（2018 年）を一部改変

も緩やかです。成人男女で筋肉量を比較した場合、女性の上半身の筋肉は男性の約50％、下半身は約70％です（須永、2018）。そして、鍛え抜かれたトップアスリートを対象に男女で比較した場合でも、**筋肉量には性差が認められます**。

②体脂肪率

　女性の**体脂肪率**は、男性よりも多いのが特徴です。生理機能を維持するために最低限必要な脂肪（必須脂肪）を男女で比較した場合、男性は体重の３％ですが、女性はその４倍の12％が必要です。一般的に女性の体脂肪率は 20 〜 30％が良いとされており、**少なくなると月経（女性ホルモンの分泌）が止まってしまう場合があります**。

表5-1 女性ホルモンの働き

エストロゲン（卵胞ホルモン）	①子宮内膜を厚くする、子宮を発育させる ②骨を強くする ③水分をためる（→むくむ） ④血管をやわらかくし、血圧を下げる ⑤排卵期におりもの（帯下）を分泌させる ⑥コレステロール、中性脂肪を下げる ⑦乳腺を発育させる ⑧腟粘膜や皮膚にハリ、潤いを与える ⑨気分を明るくする ⑩自律神経の働きを調節する　　など
プロゲステロン（黄体ホルモン）	①子宮内膜を妊娠しやすい状態に維持する ②基礎体温を上げる ③眠気を引き起こす ④水分をためる（→むくむ） ⑤腸の動きを抑える ⑥妊娠に備え乳腺を発達させる ⑦雑菌が入りにくいおりものにする ⑧食欲を亢進させる　　など

筆者作成

③月経（妊娠・出産）

　思春期を迎えた女子に初めての**月経**（初経）がおとずれるのは、おおよそ 12 歳頃です。月経は、平均 28 日の周期でおとずれ、3〜7 日程度続きます。月経が始まってから、次の月経を迎えるまで（約 28 日間）は、月経期、卵胞期、排卵期、黄体期に分けられ、コンディションが変化します（図5-2）。

　月経周期は、それぞれ異なる働きを持つ 2 つの女性ホルモン「エストロゲン」と「プロゲステロン」が調整しています（表5-1）。月経が近づくと感情が不安定になる、腰や腹部が痛くなる、身体がむくむ、体重が増加する等の症状が起こる場合がありますが、これらは 2 つのホルモンのバランスが変化することで引き起こされます。

月経は、妊娠・出産に備える大切な機能です。まれに「月経がない方が楽」と感じている女子生徒もいますが、将来、妊娠・出産したいと感じたときに、きちんと**妊娠・出産できる身体を準備しておくことはとても大切です。**男性と女性は、性ホルモンの働きにより、生物学的に全く異なった特徴を持っています。間違っても、**女性ホルモンの分泌が乱れるほどの激しいトレーニングはするべきではありません。**

② 月経に関連した婦人科疾患

①月経困難症

月経時の下腹痛や腰痛は、一般的に月経痛（生理痛）と呼ばれていますが、それ以外に頭痛、怠さ、下痢・便秘、不眠、情緒不安定等、さまざまな症状が起こります。この症状が日常生活に支障が出るほどの強さのとき、医学用語で**月経困難症**と呼びます。

さらに、月経が始まる10日〜数日前頃から頭痛、腰痛、肌荒れ、むくみ、胸の張り、下痢・便秘、不眠、情緒不安定等、さまざまな症状が起こり、月経が始まると軽くなる場合もあります。これを医学用語で**月経前症候群（PMS）**と呼びます。月経前症候群（PMS）の中でも、強い不安感、いらだち、気分が落ち込む等の精神的な症状が特に強いものを医学用語で**月経前不快気分障害（PMDD）**と呼びます。

②無月経

もともとあった月経が3カ月以上停止した場合を医学用語で**続発性無月経**と呼びます。無月経の原因はさまざまですが、18歳以下の続発性無月経の44％は、**利用可能エネルギーの不足**（つまり**痩せや低すぎる体脂肪率**）が原因であると報告されています（公益社団法人 日本産科婦人科学会・公益社団法人 日本産婦人科医会、2020）。思春期にエネルギー不足により無月経が引き起こされ、エストロゲンの分泌が減少すると、身体の発育や成熟に影響するだけでなく、**骨密度が急激に低下しま**

す。その結果、**疲労骨折**や**若年性の骨粗鬆症**、**不妊**など長期にわたる健康トラブルが連鎖してしまいます。

3　女子に対する部活動指導員の適切な関わり

　部活動指導員は、思春期の女子生徒と関わる上で、女性ホルモンの働きや月経について正しい知識を持つだけでなく、生徒が身体の状態を把握できるよう支援し、相談できる環境を整えることが大切です。

相談できる環境の例

・養護教諭や学校医に相談窓口になってもらう（可能ならかかりつけの産婦人科医やチームドクターを持つ）。

・必ず第三者（女性が望ましい）を交えて本人とコンディションの話をする機会を設ける。

・保護者（母親など）にも、コンディション管理に積極的に参加してもらう。

・セルフモニタリングの導入（日誌、アプリなどを活用）。

※ 必要に応じて体調や月経の状況を共有する。

　そして、前節でも述べたように、身体に関する話題に対して冗談でごまかす、からかうというような言い方は絶対にしてはいけません。また、「月経痛＝甘え」や「月経が止まって一人前」といった考え方は、とても危険です。PMS や PMDD は、程度の差はあれ、誰にでも見られるものです。部活動指導員は、月経は女性として成熟していく上で自然な現象であり、その症状は一人ひとり異なる上に変動があるものだという認識を生徒との間で共有していくことが大切です。一人ひとりの状態を丁寧に把握し、活用できる資源を考慮しながら対応を考えていくことが求められます。

4 思春期の傷害

　先述の通り、思春期の身体は、成熟した成人とは異なり、発達が著しいことから骨、筋肉や腱、靱帯組織において脆弱な部分が存在します。この時期に、けが（スポーツ外傷・障害を含む）をしてしまい適切な治療が行われなかった場合、成長障害を生じ変形や脚長差などの後遺症を引き起こしてしまいます。ここでは、部活動指導員が気をつけなければならない思春期によく見られる「傷害」について紹介します。

　「けが」とは、負傷を意味する言葉ですが、さまざまな状態が含まれています。関連する用語を整理しておくと、「傷害」という言葉には、外傷と障害が含まれます。**スポーツ外傷**とは、活動中に身体に大きな力が加えられることで起こるけがのことです。すり傷や打撲、骨折、捻挫・靱帯損傷、脳震盪、脱臼、肉離れなどがあります。**スポーツ障害**とは、同じ動作を繰り返すことにより、特定の部位（筋肉、靱帯、骨など）が酷使され、徐々に生じる身体の故障のことです（**オーバーユース**とも呼ばれています）。オスグッド・シュラッター病、野球肘、シンスプリント、疲労骨折、踵骨骨端症などがあります。

1　スポーツ外傷・障害の疫学

　中学校と高等学校の部活動中のスポーツ外傷・障害の発生率は、約9％であり、男子の方が発生件数は多いものの発生頻度では男女差はありません。発生部位は、足関節がもっとも多く、次いで手・手指部、頭部、膝関節の順で見られます。また、疾患別の発生件数では、骨折がもっとも多く、次いで捻挫・靱帯損傷、挫傷・打撲、筋腱疾患の順で見られます。

❷ 思春期によく見られる傷害

①オスグッド・シュラッター病

　主な症状は、脛骨結節（膝下にある骨の部分）が徐々に突出し、痛みを訴えます。膝に負荷のかかる動きを避け、スポーツや運動を休むと痛みがなくなりますが、再び始めると痛みが再発します。思春期早期に発症し、女子では 8 〜 14 歳、男子では10 〜 15 歳で好発します。発症頻度は、思春期に運動・スポーツ活動をしている人のうち 10 人に 1 人が罹患していることが報告されています（古賀他、2019）。

　主な原因は、思春期に、跳ぶ、ボールを蹴る等、膝に負荷のかかる動作を繰り返すことです。思春期は、急激に骨が軟成長する時期であるため、膝を伸ばす力の繰り返しにより脛骨結節（筋肉と骨のつなぎ目）に過剰な負荷がかかり、筋肉と骨がつながっている成長軟骨部が剥離するために生じます（図5-3）。

　一過性の疾患であるため、成長が終了するとほとんどが治癒します。膝に負荷がかからないように注意し、痛みがある場合は、負荷のかかる動作やスポーツそのものを控えることが大切です。症状を軽減させるた

図5-3 オスグッド・シュラッター病が生じる仕組み

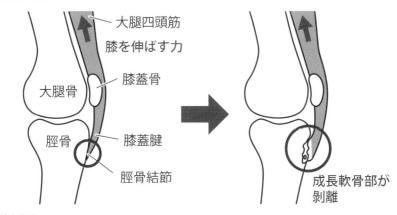

筆者作成

めには、大腿四頭筋のストレッチングやアイスマッサージなどを行います。発症後3〜6カ月は、症状が強くなるので、入念なストレッチングやアイスマッサージ、専用のベルトの装着をお勧めします。

②疲労骨折

　主な症状は、疲労骨折が発生した身体の局所に痛みを訴えます。男女とも16歳頃に好発し、下肢での発生が全体の9割を占め、脛骨、中足骨、腓骨の順に多く見られます。スポーツ種目全体では、陸上がもっとも多く、次いでバスケットボール、サッカー、野球、バレーボールの順で発生しています。

　原因は、骨の同じ部位に繰り返し負荷がかかることにより、ひびや骨折が生じます（図5-4）。過剰なトレーニングやオーバーユースにより発生することが多く、体力や技術に合わない練習を行う、不適切な

図5-4 疲労骨折の発生要因

出典：一般社団法人 日本整形外科スポーツ医学会「スポーツ損傷シリーズ　8. 疲労骨折」

シューズの使用、練習場が固い／柔らかい場合などの原因によっても発生します。思春期女子については、無月経によりエストロゲンの分泌が減少した場合にも好発します。また、筋力不足、アンバランスな筋力、未熟な技術、体の柔軟性不足などでも発生します。

医療機関では、X線写真を撮り骨折の有無を確認しますが、発見できない場合が多くあります。そのため、経過を見ながら診断と治療が行われます。局所を安静にすることで、ほとんどが治ります。

③腰椎分離症

主な症状は、腰痛やお尻や太腿の痛みです。腰痛の場合と、お尻や太腿に痛みが出る場合があり、痛みは腰椎を後ろに反らせたときに強くなります。

腰椎分離症は、腰椎椎弓の関節突起間部に起こる疲労骨折です。柔軟性のある思春期早期に、ジャンプや腰の回旋を繰り返し行うことで生じます。一般の人では5％程度に分離症の人がいますが、スポーツ選手では30～40％の人が分離症になっています。きちんと治療せず骨縫合ができなかった場合や、骨年齢が成熟してから腰椎分離症を発症した場合は、それが原因となり「分離すべり症」に進行していく場合があります。

患部の安静と痛みのコントロールが治療の中心となります。初期のひびが入った状態であれば、運動を休止させコルセットを用いることで完治させることが可能です（6カ月程度）。しかし、ひびが入り骨縫合されないまま時間がたってしまうと完治は期待できません。また、痛みを軽減させるために筋肉のバランスをとることも大切です。必要に応じて腹筋・背筋を強化、あるいは大腿部（前・後）や背筋のストレッチングを行うことで、一般的な腰痛予防を心がけます。痛みが強く日常生活に支障が生じた場合は、神経の圧迫を除去する手術や固定術が行われます。

5 傷害の予防

　部活動指導員は、思春期の身体の変化と傷害について理解した上で、傷害をどのように予防していくかを考えていく必要があります。傷害についての専門的な知識がなくとも予防の段階を理解しておくことで、十分に対応することができます。

　予防には、**一次予防、二次予防、三次予防**の大きく3つの段階が存在します。それぞれの段階に合わせて、適切な予防を行うことで、傷害の発生を未然に防ぐこと、悪化を防ぐこと、回復を促すとともに再発や二次的な傷害を防ぐことができます。

1　一次予防

　一次予防は、健康の保持増進です。傷害を起こしていない段階で、**傷害を発生させないための予防**を行います。練習方法を見直し個人の状態に合わせて練習を計画する、練習前後のストレッチやウォーミングアップを内容に合わせて丁寧に行う等、傷害が発生する原因やリスクに注目し改善していくことなどが、一次予防に相当します。

2　二次予防

　二次予防は、早期発見・早期治療です。傷害を疑う症状が見つかった、または傷害が発生した段階で、**悪化することを防ぐための予防**を行います。なるべく早い段階で身体の違和感や不調に気づき適切な処置（第7章第2節2「外傷時の応急処置」を参照）と治療につなげることなどが、二次予防に相当します。

3　三次予防

　三次予防は、リハビリテーションです。傷害が発生し治療を受けてい

る段階で、**再発や二次的な傷害を防ぐための予防**を行います。二次的な傷害を引き起こさないためのトレーニング、治療中に低下した筋力や機能を取り戻すこと、再発しないための筋力強化・柔軟性の向上などが、三次予防に相当します。

④　思春期の練習の在り方

　近年、世界的な取り組みとして、「思春期（成長期、ジュニア期）は、個々人の身体成熟度に合わせた練習やトレーニングによってアプローチしていくべき」との提言がなされています（Bergeron et al., 2015）。部活動指導員は、思春期の子どもの身体において、いつ・どのような変化が生じるかを十分に理解し、一人ひとりの変化の状態に合わせて、適切な練習計画・内容・強度・回数を提案していくことが期待されます。

6 健康な体づくりのための食生活

　生徒たちにとって、成長に応じた適切な食生活を送ることは、充実した部活動を継続するために重要になります。実際に部活動指導員が生徒の食事に直接関与することは少ないのですが、スポーツ指導の過程や生活リズムを正すためのアドバイスの中で食生活に触れる機会があるでしょう。部活動指導員が成長期の子どもたちの栄養特性について理解し、必要に応じて部活動指導員と専門家が連携していくことが大切です。ここでは、生徒たちの食生活についての基本的な考え方を紹介します。

①　子どもをとりまく食環境

　偏った栄養摂取や朝食の欠食、共働きの家庭増加に伴う外食や調理済み食品の利用の増加など、**子どもたちの食生活は多様化**しています。中学生、高校生と年齢が進むにつれて、活動の幅も広がり、食生活も不規

則になりがちです。食生活が、各家庭の管理下から遠ざかっていくのがこの時期で、自分で食事を選択する機会も増えます。朝食欠食習慣のある大人に「朝食欠食が始まった時期」を尋ねた調査では、20％前後の人が「中学生・高校生の頃から」と回答をしています（農林水産省、2017）。過食、欠食、節食が問題になりやすいこの時期に、食事についての知識を身につけ、自分で食事を選択する力を養っていく必要があります。

② 部活動を通じた食育活動のすすめ

中学生や高校生に、健康のために栄養バランスを整える必要性を伝えても、自分のこととして捉えられず、なかなか行動に移せません。「スポーツで強くなるためにしっかり食べる」など、部活動と重ねた目標設定が非常に効果的となります。実際に、スポーツ活動の有無が健康的な食生活と関連していることが国内外の研究でも報告されています（村木・難波・湊、2018；Lugowska & Kolanowski, 2020）。スポーツを行うことは、間接的に食生活にも望ましい効果をもたらすのかもしれません。ぜひ、部活動指導員は、部活動指導の中で食事の大切さを伝え、食育のよいチャンスとしてもらいたいと思います。

③ 食事の基本的な考え方

成長期には、身体の維持や生命活動に加えて、発育に伴う栄養素の補給が必要となります。発育の速度は発育期を通じて一様ではなく、個人差もあるので、**個々の発育の状況を考慮しながら食事を考えていくこと**が大切です。身体の大きさに対して、生涯でもっとも基礎代謝量が高くなるのは男子では15〜17歳、女子は12〜14歳です（厚生労働省、2019）。

また、標準的な成長過程における体重増加量は、男子では10〜14歳頃（1年間で4.5〜4.6kg程度）に、女子では10〜11歳頃（1年間で4.5kg程度）に著しくなります。この著しい発育に伴い、身体づくりと身体の維持に必要となるエネルギー量（エネルギー蓄積量）を余分に摂

取する必要があります（厚生労働省、2019）。

　運動系の部活動に所属する生徒は、これらのエネルギー摂取量に加えて、さらに毎日のスポーツ活動により消費したエネルギー分を食事から補うことが必要となることも覚えておいてください。

４　バランスのよい食事の整え方

　必要な栄養素をしっかりと摂取するために、**主食、主菜、副菜、乳製品、果物**が揃った食事をとることが理想です。例えば、図5-5 のスポーツ食育ランチョンマットに当てはまるように食事を揃えることで、バランスのよい食事が完成します（公益財団法人　日本体育協会・樋口監修、2010）。

図5-5 スポーツ食育ランチョンマット

出典：公益財団法人　日本体育協会（現日本スポーツ協会）・樋口満監修『小・中学生のスポーツ栄養ガイド』女子栄養大学出版部、2010 年

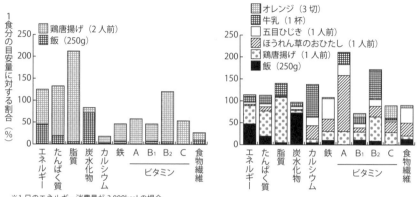

図5-6 主食、主菜、副菜、果物、乳製品をそろえることで、栄養バランスがよくなる

※1日のエネルギー消費量が3,000kcalの場合
（資料：国立スポーツ科学センター・スポーツ科学研究部 栄養グループ）

出典：柳沢香絵・岡村浩嗣編著『親子で学ぶスポーツ栄養』八千代出版、2013年

　また、**図5-6** では、食卓に多くの食品を並べることで自然と栄養バランスがよくなることが説明されています。栄養バランスを整えるためには、単品の料理ではなく、品数を増やしていろいろな食品から適切な量のエネルギーを補給できるとよいでしょう。

5 栄養教諭・公認スポーツ栄養士などの専門家との連携

　食生活を取り巻く社会環境の変化を背景に、学校現場では2005年から食に関する指導（学校における食育）の中心的な役割を担う**栄養教諭制度**がスタートしました。栄養教諭は、学校教育の現場における「食」に関する指導を行います。学校によっては、部活動向けに栄養指導を行う例もあるようです。部活動を通じ、食生活に問題を抱える生徒がいる場合や、部活動全体として食意識を高めていきたい場合には、学校栄養教諭と連携をとりながら取り組むのも方法の一つです。また、スポーツ系の部活動においては、スポーツ栄養の専門家として活躍している**公認**

スポーツ栄養士に頼ってみるのもよいでしょう。

⑥　生徒の食生活を支える環境

　このように、中学生や高校生は、健康的な食生活を送ることが特に重要な時期であり、正しい食習慣を身につけることが望まれますが、食品の選択能力や調理技術は未熟です。生徒の食環境を改善するには保護者や学校関係者などの生徒を取り巻く大人たちの意識改善も求められます。健康な体づくりのための食生活は、家庭との協力のもとで日常生活に寄り添い、継続できてこそ効果が発揮されるでしょう。

7 健康な体づくりのための生活リズム

　身体の生理現象には、睡眠、覚醒、ホルモン、体温など、1日のリズムがあるものがあります。しかし、24時間フル稼動が当たり前となっている社会の中で、子どもたちが規則正しく適切な生活リズムを刻むことは、難しくなってきています。学校や部活動で過ごす時間だけでなく、放課後の塾や習い事、家庭で過ごす時間などを考慮して、生徒の生活リズムに無理が生じない部活動運営を心がける必要があるでしょう。

①　サーカディアンリズム（概日リズム）

　ヒトの1日を周期とするリズムを**サーカディアンリズム**といいます。ヒトの体内時計の周期は24時間より少し長めに設定されていて、自由に生活をしていると自然と体内時計が夜型にシフトしてしまいます。そこで、起床後に日光を浴びたり、朝食をとったりすることで毎日体内時計の調節を行います（**図5-7**）。

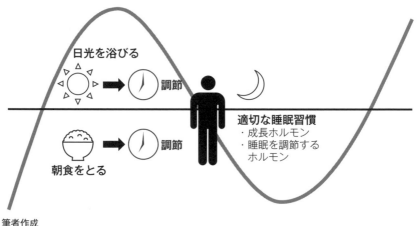

図5-7 サーカディアンリズムの調節

日光を浴びる　→　調節

朝食をとる　→　調節

適切な睡眠習慣
・成長ホルモン
・睡眠を調節する
　ホルモン

筆者作成

② 夜更かしと睡眠時間

　日本の子どもたちの睡眠時間は、海外と比較しても遅寝かつ短時間睡眠の傾向にあります（Mindell et al., 2010）。睡眠不足や生活リズムの乱れは、成長期の発育・発達に悪影響を及ぼし、日中の活動における集中力の低下や、将来の生活習慣リスクにもなることが指摘されています。文部科学省が実施した調査では、深夜0時以降に就寝している中学生は22％、高校生は47％に達し、就寝時間が遅くなることや寝起きがつらいことと、スマートフォンなどの情報機器の使用との関連が指摘されています（文部科学省、2015）。夜更かしは、朝食欠食につながり、更なる生活リズムの悪循環へとつながりかねません。睡眠不足や不規則な生活リズムは、イライラする、攻撃性が高まる、無表情になる、うつ傾向が出るなど、情動面にも影響を与えることが分かっています。

③ 適切な睡眠時間の確保とホルモン分泌

　1日のリズムを持つホルモンの中で、睡眠中に分泌が最大となるホルモンがあります（**図5-8**）。その一つ、**成長ホルモン**は、思春期から

図5-8 睡眠中に分泌されるホルモン

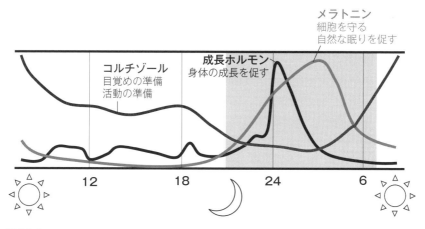

筆者作成

青年期に分泌量が最大となり、身体の成長には欠かせないホルモンです。成長ホルモンの分泌のほとんどは夜に行われ、適切な時間の質の高い睡眠が成長ホルモンの分泌を促進します。

　メラトニンも、暗くなると分泌されはじめ、夜中に多く分泌されるホルモンです。細胞を守ったり、規則的に眠くなるように生活リズムを調節する働きのほか、思春期まで第二次性徴が始まるのを防ぐ作用もあります。夜に強い光を浴びたり、パソコン・テレビやスマートフォンの光を浴びたりすることで分泌が遅れ、生活リズムの乱れにつながります。

　そして、朝に近づくにつれ、ストレスホルモンとも呼ばれる**コルチゾール**が多く分泌され、活動の準備を始めます。コルチゾールは、自然な目覚めを促し、エネルギー代謝や免疫機能に関与する身体にとってとても大切なホルモンです。

　いずれも、睡眠習慣の乱れにより、分泌の低下や乱れが生じます。ホルモン分泌のゴールデンタイムに質のよい睡眠をとることが大切です。

❶ 思春期の男子においては、急激な骨量と筋肉量の増加により骨や筋肉がアンバランスな状態になります。このことによって一時的に起こり得る特徴を本文中から3つ抜き出しましょう。

❷ 思春期の女子において、無月経が引き起こされる主要な原因と、無月経が続いた場合の健康トラブル3つを本文中から抜き出しましょう。

❸ 一次予防、二次予防、三次予防の説明として適当なものを、A～Fからそれぞれすべて選びましょう。

    A　傷害を発生させないための予防

    B　リハビリテーション

    C　健康の保持増進

    D　悪化することを防ぐための予防

    E　早期発見・早期治療

    F　再発や二次的な傷害を防ぐための予防

❹ 次のA～Eの文章を読み、食生活と生活リズムの説明として適当なものには〇、適当でないものには×をつけましょう。

    A　中学生はまだ成長途中であるため、身体の大きさに対して必要なエネルギー摂取量は大人より少ない。

    B　主食、主菜、副菜、乳製品、果物など品数の多い食事をとると栄養バランスを整えやすい。

    C　中学生や高校生は、食生活が自立してきているため、食生活改善の取り組みの対象は生徒のみでよい。

D　夜更かしをしてしまった場合は、起床時間を遅くすること
で睡眠時間を確保できれば問題はない。

E　身体の成長に欠かせない成長ホルモンは、睡眠中に分泌が
最大となる。

第6章 部活動における「合理的配慮」

学習のポイント

● 「合理的配慮」とは何かを理解する
● 部活動指導における「合理的配慮」の方法を理解する

　この章では、すべての児童生徒が部活動に参加でき、楽しさやチャレンジを経験して成長する機会を支援するために必要な**合理的配慮**について解説し、具体的な合理的配慮の事例を紹介します。

1 合理的配慮とは

　まず、合理的配慮とは何を意味するのか、なぜ合理的配慮が必要なのかを見ていきましょう。

1 合理的配慮という考え方

　合理的配慮とは、**社会的な障壁**を取り除き、誰もが平等に教育を受けたり、余暇活動に参加したりできるように配慮することです。障害がある人を含め、個人の身体的・心理的な理由によって困難さを持つ人は、日常生活や社会生活の中で活動が制限されたり、参加が制約されたりすることがあります（齊藤、2018）。合理的配慮は、このような人々の周囲の環境を変えることで、活動の制限や参加の制約をできるだけ減らし、平等に学んだり、経験したりすることができるようにするという考え方です。

　例えば、声や音が聞こえづらい人が部活動に参加するとき、部活動指

導員の話す内容が聞こえないために他の人と違うことをしてしまったり、何をするのか分からなかったりすることがあります。このようなときに支援や配慮がないと、できないことばかりが増え、部活動を楽しむことが困難になってしまいます。筆談を取り入れたり、音声認識ソフトを使用したりして、話している情報を視覚的に提供することで、聞こえづらい人も部活動に参加しやすくなります。

2　合理的配慮と人権

　なぜ合理的配慮が必要なのでしょうか。合理的配慮は条約と法律で定められています（鴨下、2020）。2006年12月に国際連合の総会で**障害者の権利に関する条約**（**障害者権利条約**）が採択されました。この条約では障害者の権利を守るための原則や義務が示されています。その中で、合理的配慮は「障害者が他の者との平等を基礎として全ての人権及び基本的自由を享有し、又は行使することを確保するための必要かつ適当な変更及び調整であって、特定の場合において必要とされるものであり、かつ、均衡を失した又は過度の負担を課さないもの」（第2条）と定義されています。そして、この条約の第24条では教育に関する規定と**インクルーシブ教育**の理念が記されており、教育についての障害がある人の権利を実現するために「一般的な教育制度から排除されないこと」「個人に必要とされる合理的配慮が提供されること」が確保されるよう、明記されています。学校は、子どもたちにとって重要な生活環境であり、社会です。障害のない生徒と障害のある生徒が平等に学べ、すべての活動に参加できるように配慮することが必要なのです。

3　合理的配慮と法律

　日本は2007年9月に障害者権利条約に署名し、2014年に批准しています。国内では条約の締結に必要な法律の検討と整備が進められ、2011年に**障害者基本法**が改正されました。改正障害者基本法の中では、「国

及び地方公共団体は、障害者が、その年齢及び能力に応じ、かつ、その特性を踏まえた十分な教育が受けられるようにするため、可能な限り障害者である児童及び生徒が障害者でない児童及び生徒と共に教育を受けられるよう配慮しつつ、教育の内容及び方法の改善及び充実を図る等必要な施策を講じなければならない」（第16条）とされており、文部科学省の中央教育審議会初等中等教育分科会（第80回、2012）の報告で、障害のある子どもが十分に教育を受けるための**合理的配慮**と**基本的環境整備**が示されました（鴨下、2020）。

そして、2013年6月には障害がある人が日常生活や社会生活の中で活動に参加するときに妨げとなる障壁を取り除くため、「**障害を理由とする差別の解消の推進に関する法律**」（**障害者差別解消法**）が制定され、2016年4月から施行されました。障害者差別解消法では、「障害を理由」とする差別を禁止し、「必要かつ合理的な配慮」を提供することが求められています（第7条、第8条）。すなわち、障害を理由に部活動への参加を断ったり、活動の場で必要な配慮をしなかったりすることは差別になるということです。

2 合理的配慮と部活動指導

■1 合理的配慮が必要な生徒と現状

学校教育の中で求められているインクルーシブな環境の構築と合理的配慮の実践は、部活動指導でも同様に求められます。部活動に参加する児童生徒の中には、自分が持つ特徴のために苦手なことがある部員もいます。例えば、**発達障害**（表6-1参照）の一つである**自閉症スペクトラム障害**がある人は、特定のことにこだわりが強いという特徴があります。そのため、変化が苦手で、急な活動の変更に対応することが困難な場合があります。また、他者とのコミュニケーションが苦手で、集団で

表6-1　発達障害に関する用語

発達障害	『DSM-5 精神疾患の診断・統計マニュアル』では「神経発達症／神経発達障害」と記される、発達期に発症する一群の疾患の総称。知的能力障害、コミュニケーション障害、自閉症スペクトラム障害、注意欠如多動性障害、限局性学習障害、運動障害が含まれる。障害の特徴は多岐にわたり、障害が併存する場合も多い。
知的能力障害（知的障害）	日常生活活動、学校での学び、経験からの学習において全般的な発達遅延がある。読む、書く、計算するなどの学習技能全般において遅れがあり、計画や優先順位をつけて実行することが困難な場合がある。買い物や家事、金銭の管理、健康管理などにも支援が必要な場合が多い。
自閉症スペクトラム障害（ASD）	社会的なコミュニケーションの困難さやこだわりが特徴。他者との関わり、考えや感情を共有することが苦手であるため、対人関係を構築することが難しい。また、複数のことを同時に行うことや、活動の移行や変化へ対応することが困難な場合がある。
注意欠如多動性障害（ADHD）	不注意や多動性、衝動性が特徴。不注意傾向が強いケースや多動傾向が強いケースがある。一つのことに集中することが苦手で注意が散漫になるため、人の話を聞いていないように見えたり、忘れ物が多かったりする。また、じっとしていることが苦手でそわそわしたり、無断で席を離れたり、順番に並べなかったりする。
限局性学習障害（SLD）	読む、書く、計算するなどの学業的技能のうち、特定の技能に困難さがあることが特徴。文章を読む速度が遅く、文字を読み間違えたりする。書字では文法を間違えたり字が乱れたりする。また、計算方法を覚えることに苦手さを示す。
発達性協調運動障害	運動障害の一つであり、箸やはさみを使う、自転車に乗るなどの日常生活における協調運動の困難さが特徴。運動技能の獲得が遅れていたり、動きが稚拙であったり、不正確であったりする。スポーツ参加において困難さを示すことが多い。
アダプテッド・スポーツ	語源は「アダプテッド・フィジカル・アクティビティ」（adapted physical activity）。障害がある人や高齢者、低体力者など、その人の特徴や程度に合わせてルールや用具を工夫して行うスポーツ。障害があっても、工夫をすることで、誰でもスポーツに参加できるという考えをもとにしたスポーツの在り方。

※日本精神神経学会監修『DSM-5 精神疾患の診断・統計マニュアル』（医学書院、2014年）、宮原資英『発達性協調運動障害：親と専門家のためのガイド』（スペクトラム出版社、2017年）、齊藤まゆみ編著『教養としてのアダプテッド体育・スポーツ学』（大修館書店、2018年）をもとに筆者が作成した。

の活動で孤立してしまうこともあります。

　他にも、**注意欠如多動性障害（ADHD）**がある人は、集中すること
が苦手で、注意が散漫で忘れ物が多かったり、落ち着いて一つのことに
取り組めなかったりする場合があります。そして、近年わが国でも知ら
れるようになった**発達性協調運動障害**は、不器用さと、運動技能の稚拙
さが特徴です。手先を使う作業が苦手で、スプーンや箸、はさみ、スポー
ツ活動や音楽・芸術活動で用いる用具や道具などがうまく扱えなかった
りします。また、よく物を落としたり、物にぶつかったり、走り方がぎ
こちなかったり、動きのコツを習得するのに時間がかかったりします。

　文部科学省が 2012 年に実施した「通常の学級に在籍する発達障害の
可能性のある特別な教育的支援を必要とする児童生徒に関する調査」で
は、「知的発達に遅れはないものの学習面又は行動面で著しい困難を示
すとされた児童生徒」の割合は 6.5 ％と報告されており、「『不注意』又
は『多動性―衝動性』の問題を著しく示す」児童生徒の割合は 3.1 ％、「『対
人関係やこだわり等』の問題を著しく示す」児童生徒の割合は 1.1 ％で
あるとなっています。この結果は、部活動指導においても、集中できる
時間が短かったり、衝動的に行動してしまったり、不器用で道具をうま
く扱うことが苦手であったり、指導者や他の部員とのコミュニケーショ
ンが不得意であったりする児童生徒が存在するという現状を示すもので
もあります。先に述べた通り、これらの特徴がある児童生徒も部活動に
参加し、活動の中でさまざまなことを学び、失敗や成功を経験して成長
する機会を享有する権利を持っています。しかし、障害がある生徒は障
害がない生徒と比べて学校の活動に参加できる機会が少ないという現状
があります。

　例えば、文部科学省の「**障害者活躍推進プラン⑤　障害のある人のス
ポーツ活動を支援する：障害者のスポーツ活動推進プラン**」（2019）で
は、「障害のある児童生徒は、特別支援学校に限らず小・中・高等学校
にも在籍しているが、小・中・高等学校において、その後のスポーツ生

活の土台となるべき体育の授業や関係行事等の一部・全部に参加できず、又は他の児童生徒と同様の指導を受けられなかったという経験をもつ障害児は少なくない」と述べられており、「障害のある人がスポーツを試しにやってみようとするときや、やり方や道具に工夫を加えた指導等を受けようとするときには、そのような工夫に知見を有する指導者や、スポーツ車いす等の個人用具を含めたスポーツ用具の準備・調整などが必要となるが、それらがそろっている環境が乏しいことが、スポーツ実施の障壁の一つとなっている状況もある」と指摘されています。このように、配慮が必要な児童生徒が、部活動の参加に制約があったり、活動に参加できても活躍する機会が十分になかったりする現状は、合理的配慮の必要性を示しているといえるでしょう。

❷　合理的配慮のプロセス

　障害がある生徒にも、障害がない生徒と同様に部活動に参加する権利があります。しかし、「同じ場所にいる」だけでは「平等」にはなりません。その場所で活動に参加し、学び、チャレンジして、楽しさや悔しさを経験できることが大切なのです。また、「同じことをさせること」が「平等」でもありません。同じようにできない場合、生徒は必要な配慮を求めることができ、部活動指導員はそのニーズに対応することが求められます。配慮なしに同じことをさせることは、できないことを無理にさせることと同じです。障害者差別解消法における「合理的配慮」の規定では、「障害者から現に社会的障壁の除去を必要としている旨の意思の表明があった場合において、その実施に伴う負担が過重でないとき」(第7条第2項)にその障壁を除去することとなっています。したがって、 図6-1 に示すように、何をどこまで変更したり調整したりできるのかを、**本人・保護者、学校、顧問・部活動指導員**による建設的な対話を通じて検討するプロセスが必要になります。

　学校で合理的配慮を実施するプロセスとして、まずは本人・保護者に

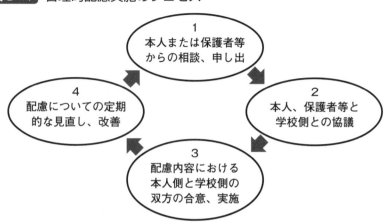

図6-1 合理的配慮実施のプロセス

1
本人または保護者等
からの相談、申し出

2
本人、保護者等と
学校側との協議

3
配慮内容における
本人側と学校側の
双方の合意、実施

4
配慮についての定期
的な見直し、改善

※鴨下賢一編著『教師が活用できる 親も知っておきたい 発達が気になる子の学校生活における合理的配慮』（中央法規出版、2020年）をもとに筆者が作成した。

よる意思の表明を受けて、担任や**特別支援教育コーディネーター**が窓口となって内容を聴き取り、校内の委員会で検討されます。次に本人・保護者と学校側が話し合いを重ねて、双方の合意の上で配慮する内容が決定され実施されます。その後も内容の見直しと改善が継続されます（鴨下、2020）。

　部活動を指導することになったら、配慮が必要な部員が所属しているかどうかを顧問教諭に確認し、可能な範囲でその部員の特徴や配慮の内容を共有しておくことが必要です。そうすることで、指導時に速やかな対応ができ、余裕を持って指導ができます。また、配慮が必要な部員がいないことが確認できても、指導を始めてから気になる生徒がいれば、顧問教諭に相談してみましょう。先に述べた発達障害の特徴がある場合でも、自分が持つ困り感をうまく周りに伝えることができず、配慮が受けられないまま活動に参加しているケースがあります。部活動指導員の気づきから必要な配慮が可能になり、指導がスムーズになるとともに、その生徒にとって部活動がより楽しいものに変わります。

3 発達が気になる生徒への「合理的配慮」の具体例

　合理的配慮は、この章の最初で紹介したような、聞こえづらい生徒に対して筆談を使ったり、読むのが苦手な生徒に音声読み上げソフトを用いたりすることや、車いすを使用する生徒が移動しやすいように簡易スロープを設置したりすることが分かりやすい例として挙げられます。このような、支援に必要な用具を準備したり、環境を整備したりすることを含め、合理的配慮は 図6-2 に示すような3つの視点で考えることができます。本節では、発達が気になる生徒を例に、この3つの視点に基づく「合理的配慮」について考えます。まず、例をもとに各視点を一つずつ理解しましょう。

図6-2 エコロジカルモデル

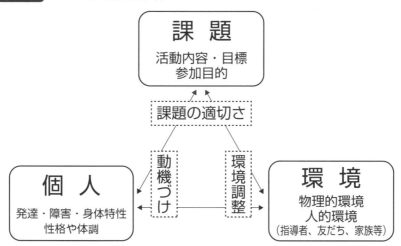

原著：Davis, W. & Broadhead, G., *Ecological Task Analysis and Movement*, HUMAN
　　　KINETICS, 2007.
※齊藤まゆみ編著『教養としてのアダプテッド体育・スポーツ学』（大修館書店、2018年）をもとに筆者が作成した。

1 個人の特徴に合わせた配慮

　1つ目の視点は、**個人が持つ障害や発達などの特徴に合わせて配慮する**というものです。例えば、部活動指導の際に指示した活動をやっていないことが多い生徒に対して、「この生徒はなぜいつも言ったことができないのだろう」と感じることがあるかもしれません。そんなとき、「人の言うことをちゃんと聞きなさい」と注意することがよくあります。しかし、発達障害には「口頭だけの説明や一度にたくさんの説明を理解することが苦手」という特徴があります。このような特徴を持つ生徒は、注意されるたびに「ちゃんと聞いているのに……」と思っています。そして、そのようなことが続くと**自己肯定感**が低下し、「自分は何をやってもうまくできない」と認識するようになってしまいます。

　このようなケースでは、**視覚的に情報を提供する工夫**を取り入れてみましょう。具体的には、ホワイトボードなどにその日の活動内容やスケ

ジュールを示すという方法があります。事前にその日に行うことや活動の流れを記した資料を渡しておくことも有効です。視覚的な情報提供により、口頭だけの説明や一度に多くの説明を理解することに困難さがある生徒も内容を理解することができます。その日、その場で行うことの見通しが立つと安心し、活動に取り組む**動機づけ**になります。また、視覚的に指示を提示することは、ADHDの特徴があり注意が散漫な生徒を注目させたいときや、知的に遅れがある生徒にルールや方法を理解させたいときにも活用できる配慮です。

❷　適切な課題を提供する配慮

　2つ目の視点は、**活動内容や目標などの課題において配慮する**というものです。発達障害には、「不器用さがあり、課題の習得に時間が必要」という特徴があります。用具の使い方や動きがぎこちなかったり、他の生徒よりもうまくできるようになるまでに時間がかかったりします。多くの場合、本人は一生懸命活動に取り組んでいます。しかし、「どうしてこんなことができないの？」「もっと努力しないと」「他の人はできるのに……」などと言われてしまうのです。このような言葉を周囲から言われ続けていると、その生徒は自信を失い、活動を楽しめなくなります。

　このようなケースでは、**課題を段階的に分けて行う工夫**を取り入れてみましょう。例えば、バスケットボールのドリブルシュートはいくつもの動きがスムーズに連動してできるようになります。走りながらドリブルをするという運動だけでも、自分の走るスピードや進む距離に合わせてボールを前方位置へ的確に突くという調整能力が必要です。まずは、ボールを見ずにドリブルができるようになる、次に歩きながらドリブルができるようになる、次に走りながらドリブルをし、右足・左足を置く場所に目印を付けてジャンプするなど、動きを分解して練習するようにします。一つひとつの課題をクリアしていくことで、生徒は**達成感**を感じることができ、自信をつけ、課題の最終目的まで**モチベーション**を維

持することができます。そのつど、できたことを生徒と一緒に確認するとよいでしょう。

3　環境の配慮

　そして3つ目の視点は、**環境調整によって配慮する**というものです。障害の**社会モデル**では、「障害のある者が日常生活又は社会生活において受ける制限は、心身の機能の障害のみに起因するものではなく、社会における様々な障壁（社会的障壁）と相対することによって生ずるものとする」（独立行政法人　日本学生支援機構、2018、93頁）と考えます。障壁を取り除くための配慮として、2種類の環境調整があります。

　一つは**物理的な環境の調整**です。例えば、活動中にイライラしてパニックになったり、教室を出て行ったりする生徒がいる場合があります。発達が気になる人の特徴として、感覚過敏で特定の音が苦手だったり、周

りの音が気になって集中できなかったりすることがあります。その生徒にとっては我慢できない音やボリュームであるのかもしれませんし、自分自身を落ち着かせるためにその場所から出て行くのかもしれません。配慮がない環境で「集中しなさい」や「我慢しなさい」という指導は適切ではありません。このようなケースでは、イヤーマフを使ってその生徒が苦手な音を聞こえづらくしたり、一時的に別の場所に移動したりして、落ち着いて活動できるように工夫しましょう。その生徒に合う環境であれば集中して活動に取り組むことが可能になります。

　もう一つは**人的な環境の調整**です。上記のような配慮が、**特別扱い**と周りの生徒に誤解されてしまうことがあります。また、発達が気になる生徒の中には、他の部員とトラブルを起こしてしまったり、他の部員の保護者からその部員について相談があったりします。発達障害には「コミュニケーションが苦手」という特徴があります。本人も周りに理解さ

れないことを不安に思っていたり、なんとかしたいと思っていたりします。このようなケースで部活動指導員が環境を調整する役割を担うためには、本人が思っていることを傾聴し、その生徒の保護者と顧問教諭、学校と話し合い、承諾を得た上で、他の部員にもその生徒の特徴を説明して、周りが配慮した行動をとれるように工夫します。少しの配慮と言葉がけで、生徒が一緒に活動することが可能になります。

4 配慮の連携

　上記の３つの視点は関連させて考えることが大切です。例えば、「複数の情報を一度に理解することが苦手」という「個人の特徴」に対して、視覚情報の提供という配慮をするためには、ホワイトボードを準備するという「物理的な環境調整」や、その必要性を周りにも理解してもらう「人的な環境調整」があって実現します。また、一つひとつの活動を段階的

に分けて提示するという「課題」の配慮をすることで、その生徒ができることが増えるかもしれません。

　合理的配慮の方法は個人の特徴やニーズによって異なります。すぐに正解が見つからないことも、うまくいかないこともあるでしょう。大切なのは部活動指導員があきらめないことです（齊藤、2018）。うまくなりたい、できるようになりたいと思い、頑張って部活動に参加している生徒がいるのなら、その思いに応えていけるように、どんな工夫ができるかを生徒と一緒に考えることができる部活動指導員を目指しましょう。

コラム⑤　「外国にルーツを持つ」子どもと部活動

　1990年の改正入管法（出入国管理及び難民認定法）施行以来、約30年間で日本における在留外国人は2.7倍に増え、「ニューカマー」と呼ばれる外国人労働者と彼らの帯同家族も数多く日本に居住するようになりした。特に「日系人」が多く在住する中南米諸国や近隣のアジア諸国からの来日者が増加したことにより、在留外国人の実状はそれ以前と比較にならないほど多様化しています。入管法改正前まで、日本における在留外国人の大部分は「オールドカマー」の韓国・朝鮮国籍勢が占めていましたが、現在では195カ国の異なる国籍を持つ在留外国人が日本で暮らしています。

　こうした傾向とともに、日本の公教育機関で学ぶニューカマーの外国人児童生徒も増加しています。文部科学省の調査によると、1990年時点で日本語指導を必要とする外国人児童生徒は5千人余りでしたが、その数は年々増加し、2020年現在で4万人を超えています。そのルーツは多国籍化しており、特に外国人集住地区の教育現場では、日々試行錯誤を重ねています。

　元来、日本の公教育は国民のための教育であることが大前提であり、「外国にルーツを持つ」子どもたちの受け入れを視野に入れた

教育制度ではありません。それゆえ、公教育の現場では「外国にルーツを持つ」子どもたちの教育を行うにあたって、数々の難題が持ち上がっています。例えば、異なる文化への配慮や、日本語を十分に理解できない生徒への支援の難しさが問題視されています。

　その一方で、「外国にルーツを持つ」子どもたちの置かれている家庭環境にも課題が山積しています。特に保護者の不安定な労働環境が生徒たちの暮らしに大きく影響することから、学校教育に集中できないといった問題を抱えている生徒が少なくありません。また、大方の生徒は来日前に自国の公教育機関で教育を受けていますが、中には十分な教育を受けていないという生徒も存在します。まして、来日前に日本の公教育に関して情報を得たり、事前学習をしたりといった備えをするケースは非常に稀で、ほとんどの「外国にルーツを持つ」生徒とその保護者は、日本の教育制度や課外活動に関して何も知識を持たずに来日するケースがほとんどです。「外国にルーツを持つ」子どもたちが部活動に参加をする場合、こうした背景を踏まえ、複数の側面から慎重に対応する必要があります。

①宗教文化の違いへの配慮
　「外国にルーツを持つ」生徒が信仰する宗教の中には、男女隔離を原則とする宗教があります。男女が共同で活動する「部活」である場合、本人への確認と保護者の承諾が必要となります。

②学校教育に関する認識の違いへの配慮
　「外国にルーツを持つ」生徒の保護者は課外活動自体を軽んじる傾向があります。特に東アジア圏では、学校は「勉強」つまり教科学習を行うことが使命であると考える保護者が多く、課外活動は「勉強」の妨げになるといった理由から子女の参加を許可しないといったケースが多く見られます。そのため、部活動の意義について、保

護者への丁寧な説明が求められます。

③日本語を十分に理解できない生徒への配慮

　現在、公教育の現場では日本語の教育を必要とする「外国にルーツを持つ」生徒が増え続けています。「部活」の活動内容や指導方針などについて、十分に理解ができないまま入部をしてしまうことが多々あるため、後に大きな問題に発展するケースがあります。必ず入部前に本人と保護者の双方に分かりやすい言語で事前説明を行い、同意を得ておきましょう。

④「部活」文化の理解不足への配慮

　「部活」は、ある面では日本独特の文化であるといえます。諸外国においてもサークル活動などはありますが、「部活」のように組織を重視した集団行動をとることが少なく、個人が楽しんで参加するものという認識が強いといえます。また、「部活」に見られるような先輩・後輩といった人間関係も、日本と韓国では広く認められていますが、他の国や地域では馴染みのない文化習慣です。「外国にルーツを持つ」生徒が入部しても上手く溶け込めるような配慮が必要となります。

　このように「外国にルーツを持つ」子どもたちには複雑な事情が背景にあるため、彼らが「部活」にスムーズに参加するためにはさまざまな配慮が求められます。他方、「部活」への参加は、「外国にルーツを持つ」生徒が「学校」というコミュニティに溶け込むための良い入り口になるとも考えられます。「部活」を通して、目には見えない日本社会の在り方を体験することは、「外国にルーツを持つ」生徒たちにとってこの上ない貴重な経験になるはずです。

復習問題

❶　部活動における合理的配慮の必要性について、「社会的な障壁」「人権」「インクルーシブ教育」の3語を用いてまとめてみましょう。

❷　Aさんは運動の遂行に不器用さがあり、動きを協調させてスムーズに動くことが苦手です。113頁の「エコロジカルモデル」を参照しながら、Aさんがサッカー部に所属して、スキルを習得し、仲間と一緒にゲームを楽しむためにできる工夫や配慮を、「個人」「課題」「環境」それぞれの視点から考えてみましょう。

❸　次のA〜Dの文章を読み、合理的配慮に関する内容として適当なものには○、適当でないものには×をつけましょう。

　　A　合理的配慮は、配慮が必要な児童生徒と保護者、学校関係者が話し合いを重ねて、双方の合意の上で行うことが必要である。

　　B　配慮が必要な児童生徒には、他の児童生徒と同じ場所で同じ活動をするように指導するべきである。

　　C　配慮が必要な児童生徒の特徴だけを考えて活動を工夫することが、よい合理的配慮につながる。

　　D　配慮が必要な児童生徒も、本人の努力次第で、できないこともできるようになる。

第7章 緊急時の対応

● ● ● ● ● ● ● ● ● ● ● ● ● ● ● ●

学習のポイント

● 部活動中に発生する主な事故の傾向を理解する

● 緊急時の救命処置、応急処置を理解する

● 引率中の事故対応や災害発生時の対応を理解する

1 部活動で起こりやすい事故の現状

　中学校や高等学校などの学校管理下において発生した事故の傾向について、「『体育活動中における球技での事故の傾向及び事故防止対策』調査研究報告書」（独立行政法人 日本スポーツ振興センター学校安全部、2020）を見ると、体育活動中の事故発生件数は全体の約78％であり、そのうち**球技**の事故が約76％を占めていることが分かります（**図7-1**）。球技の中でも、事故発生件数の多い種目は、バスケットボール、サッカー・フットサル、バレーボール、野球等であり、事故の内容はボールやバット等が当たる、他者と接触する、転倒や落下等が多いようです。各競技種目において発生する事故の特徴やその原因などについては、同報告書にまとめられていますので参照してください。

　球技における事故の発生状況を見ると、ボールなどの用具、施設・設備などの**環境**に関連して発生している事故と、肘や膝等が当たるなど**他者との接触**に関連して発生している事故に大別されます。

　環境に関連して発生する事故では、支柱や審判台など競技空間にある用具や設備等に接触して負傷する事例が指摘されています。そのような競技では、接触や衝突による衝撃をやわらげるために、用具や設備をクッションなどの**緩衝材**で覆う等の対策が考えられます。

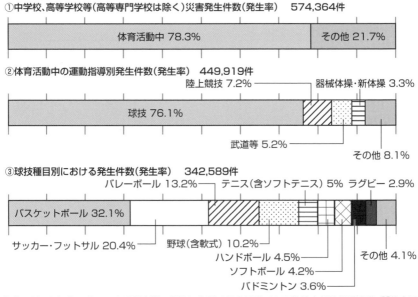

図7-1 平成30年度に医療費を支給した災害発生件数（発生率）

①中学校、高等学校等（高等専門学校は除く）災害発生件数（発生率）　574,364件

| 体育活動中 78.3% | その他 21.7% |

②体育活動中の運動指導別発生件数（発生率）　449,919件

陸上競技 7.2%　　　　　　　　　　　器械体操・新体操 3.3%

| 球技 76.1% | | | |

武道等 5.2%
その他 8.1%

③球技種目別における発生件数（発生率）　342,589件

バレーボール 13.2%　　　テニス（含ソフトテニス）5%　ラグビー 2.9%

| バスケットボール 32.1% | | | | | |

サッカー・フットサル 20.4%　　野球（含軟式）10.2%
ハンドボール 4.5%
ソフトボール 4.2%
バドミントン 3.6%
その他 4.1%

出典：2019年度スポーツ庁委託事業　学校における体育活動での事故防止対策推進事業「『体育活動中における球技での事故の傾向及び事故防止対策』調査研究報告書」独立行政法人 日本スポーツ振興センター学校安全部、2020年

　また、**他者との接触**によって発生する事故では、傷害の多い部位に「歯牙」が挙げられていることから、部員に対して**マウスピース**の使用を推奨することによって歯牙を保護することが望ましいでしょう。ジャンプ動作の多い競技では、練習量の増加や発育による体重の増加などが腰や膝への負担を増大させ、慢性的な**腰痛**や**関節痛**の原因になることもあることから、部員の発育や競技レベルに応じた段階的なトレーニングの検討や練習量の適正化が求められます。特に運動部の指導にあたる部活動指導員は、競技の特性や傷害発生の原因を理解することが必要でしょう。

2 救命・救急

1 緊急時の救命処置

　疾患や外傷によって、突然、心肺停止あるいはそれに近い状態になったときに**胸骨圧迫**や**人工呼吸**によって対応することを**心肺蘇生**（Cardiopulmonary Resuscitation: CPR）といいます。また、救命のための心肺蘇生、自動体外式除細動器（AED）を用いた除細動、異物等によって窒息状態になった場合の気道異物除去を合わせて**1次救命処置**（Basic Life Support: BLS）といいます。1次救命処置の流れは 図7-2 を参照してください。

　緊急時の救命処置では、まず傷病者や救助者（ここでは部活動指導員を想定します）に危険はないか周囲の状況を確認するところから始めます。安全の確保が第一であり、周囲の安全が確認されたら傷病者に大出血などがあるかなど全身の状態を観察・評価します。

　そして、傷病者の肩を軽く叩きながら（あるいは優しく揺すりながら）、大きくはっきりした声で「どうしましたか？」「目を開けてください！」などと呼びかけて意識の有無を確認します。もし傷病者に反応があれば、傷病者を発見したときの体位のまま、**バイタルサイン（意識レベル、脈拍、呼吸）** を確認します。もし傷病者に反応がなければ、学校の教員あるいは他の部員などに大声で助けを求め、同時に救急車の要請や AED を依頼します。救急車が到着するまでは、通信指令員の指導に従ってください。

　次に、傷病者の胸部と腹部の動きを観察し、呼吸の有無を確認します。10秒程度観察して傷病者の胸部や腹部に動きがない場合、あるいは観察しても呼吸の状態を把握できない場合は、正常な呼吸をしていないと判断し、心肺蘇生（胸骨圧迫と人工呼吸）を開始します。

図7-2 1次救命処置のアルゴリズム

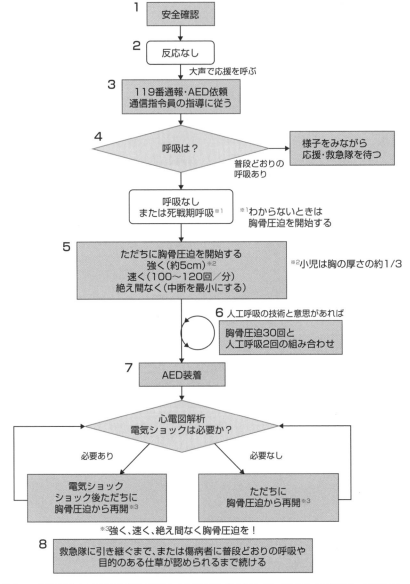

1　安全確認

2　反応なし

　　大声で応援を呼ぶ

3　119番通報・AED依頼
　　通信指令員の指導に従う

4　呼吸は？ → 様子をみながら
　　　　　　　応援・救急隊を待つ
　　　　　　　普段どおりの
　　　　　　　呼吸あり

　　呼吸なし
　　または死戦期呼吸※1　　※1わからないときは
　　　　　　　　　　　　　　胸骨圧迫を開始する

5　ただちに胸骨圧迫を開始する　　※2小児は胸の厚さの約1/3
　　強く（約5cm）※2
　　速く（100〜120回／分）
　　絶え間なく（中断を最小にする）

6　人工呼吸の技術と意思があれば
　　胸骨圧迫30回と
　　人工呼吸2回の組み合わせ

7　AED装着

　　心電図解析
　　電気ショックは必要か？

　　必要あり　　　　　　　　　必要なし

　　電気ショック　　　　　　　ただちに
　　ショック後ただちに　　　　胸骨圧迫から再開※3
　　胸骨圧迫から再開※3

　　※3強く、速く、絶え間なく胸骨圧迫を！

8　救急隊に引き継ぐまで、または傷病者に普段どおりの呼吸や
　　目的のある仕草が認められるまで続ける

出典：一般社団法人 日本蘇生協議会監修『JRC 蘇生ガイドライン 2020』医学書院、2021 年

　心肺蘇生における**胸骨圧迫**は、胸骨の下半分のあたりに片方の手のひらの付け根を当て、その手の上にもう片方の手を重ね合わせた状態で、垂直に体重が加わるようにして傷病者の胸が約 5 cm 沈み込む程度の圧迫を、1 分間に 100 〜 120 回のテンポで繰り返します。圧迫する際、救助者は傷病者のそばにひざまずき、両肘をまっすぐに伸ばし、肩が圧迫部位の真上になるような姿勢をとりましょう。

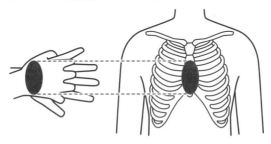

　人工呼吸を行う際は、片手で傷病者の額を押さえながら、もう一方の手の指先を顎の先端に当てて挙上し、気道を確保します。気道を確保した状態で、口を大きく開いて傷病者の口を覆って密着させ、ゆっくりと息を吹き込みます。この際、吹き込んだ息が傷病者の鼻から漏れ出さないように、額を押さえている手の親指と人差指で傷病者の鼻をつまみます。約 1 秒かけて息を吹き込み、傷病者の胸が上がるのを確認します（吹き込んだ息によって傷病者の胸が上がる様子が分かる程度が適度な量になります）。息を吹き込んだら口を離し、傷病者の呼吸が再開するのを待ってから再度息を吹き込みます。

心肺蘇生では、胸骨圧迫を 30 回程度続けたら人工呼吸を 2 回行い、この組み合わせを救急車が到着するまで繰り返し行います。

緊急時の救命処置では、救助に関わる全員が冷静に判断・行動することが重要です。部活動指導員自身が冷静に周囲の状況や傷病者の状態を確認することはもちろんですが、その場にいる他の部員も冷静に行動することができなければ、救命処置の協力を依頼することができません。もし、救命処置が必要な状況が発生した場合であってもパニック状態にならず、誰もが冷静に救命処置に参加できるよう、部活動指導員のみならず部員も一緒に救命処置の講習会に参加するなどの機会をつくることが望ましいでしょう。

② 外傷時の応急処置

出血していない外傷に対する一般的な応急処置の原則は、RICE 処置です。RICE 処置とは、「安静(Rest)」「冷却(Icing)」「圧迫(Compression)」「挙上（Elevation)」の頭文字をとった応急処置の基本です。

「安静」の目的は、外傷の発生した部位を休ませて回復を図るとともに、患部をよく観察し、応急処置の時間を確保することです。また、「冷却」は、冷やすことによって患部の毛細血管を収縮させ、内出血による腫脹（腫れ）を抑える重要な処置です。「圧迫」は、患部を圧迫することによって固定するとともに内出血を抑えること、「挙上」は、患部を心臓よりも高い位置に持ち上げることによって腫脹を抑えることが目的です。

　出血を伴う外傷の場合は、ペットボトルや水道の流水で患部をよく洗い、汚れや異物を除去することが大切です。擦り傷の場合は、ガーゼなどを当てて患部を清潔に保ちます。切り傷の場合は、清潔なガーゼなどで患部を強く圧迫して止血します。もし、大量の出血がある場合には直接圧迫だけでは止血できないため、患部よりも心臓に近い部位を止血帯で縛って止血し、病院に搬送しましょう。

　また、出血を伴う外傷の応急処置を行うときは、使い捨てタイプのラテックス製手袋などを使用して直接血液に触れないようにし、救助者自身が血液を介した感染に気をつける必要があります。手袋がない場合は、ビニール袋などで代用してもよいでしょう。

3 熱中症、過換気症候群、けいれんへの対応

1 熱中症

　学校管理下において発生した熱中症死亡事故（1990 〜 2012 年度）のほとんどは屋内外を問わず運動部などの体育活動中のものですが、文化部の活動において熱中症事故が発生しないわけではありません。例えば、エアコンのない階段の踊り場で練習していた吹奏楽部の生徒数名が体調不良を訴え、熱中症の疑いで病院に搬送された事例や、制作活動中に画材を使用するため窓を開けていたものの、多数のキャンバスによって室内の風通りが悪くなっていたことが原因で熱中症となった美術部生徒の事例もあります。

　環境省の「熱中症環境保健マニュアル 2018」（2018、2 頁）によると、熱中症とは次のように説明されています。

　　暑い時には、自律神経を介して末梢血管が拡張します。そのため皮膚に多くの血液が分布し、外気への放熱により体温低下を図るこ

とができます。

　また汗をたくさんかけば、「汗の蒸発」に伴って熱が奪われる（気化熱）ことから体温の低下に役立ちます。汗は体にある水分を原料にして皮膚の表面に分泌されます。このメカニズムも自律神経の働きによります。

　このように私たちの体内で本来必要な重要臓器への血流が皮膚表面へ移動し、また大量に汗をかくことで体から水分や塩分（ナトリウムなど）が失われるなどの脱水状態に対して、体が適切に対処できなければ、筋肉のこむら返りや失神（いわゆる脳貧血：脳への血流が一時的に滞る現象）を起こします。そして、熱の産生と熱の放散とのバランスが崩れてしまえば、体温が急激に上昇します。このような状態が熱中症です。

　熱中症は、重症度によって**軽症（熱失神、熱けいれん）、中等症（熱疲労）**、そして**重症（熱射病）**の３段階に分類されます。軽症の熱失神は「**立ちくらみ**」、熱けいれんは「**筋肉のこむら返り**」（全身のけいれんではありません）が見られ、どちらも意識ははっきりしています。中等症の熱疲労は、全身の**倦怠感や脱力、頭痛、吐き気、嘔吐、下痢**等が見られます。重症の熱射病は、**高体温**に加え**意識障害と発汗停止**が主症状で、**肝障害**や**腎障害**も合併し、最悪の場合は早期に**死亡**することもあります。

　熱中症が疑われる場合の応急処置は 図7-3 を参照してください。応急処置の際、重症度の判定では意識がしっかりしているかどうかが重要な点であり、呼びかけにも反応しないなど少しでも意識がおかしい場合には中等症以上であると判断し、すぐに救急車を要請しましょう。

　「熱中症環境保健マニュアル 2018」（環境省、2018）によると、体育活動中の熱中症は暑くなり始めの**7月下旬**と**8月上旬**、気温は**21 ～ 38℃**の広い範囲、時間帯は**10 ～ 18時**に多く発生しています。予防のためには、**暑さ指数（湿球黒球温度：WBGT）**を把握することが重

図7-3 熱中症の応急処置

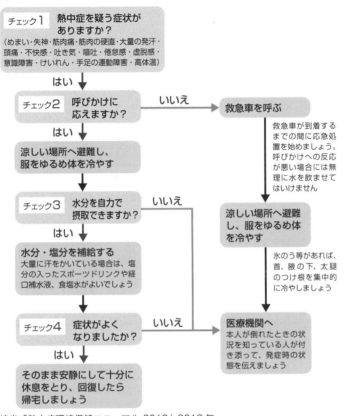

出典：環境省「熱中症環境保健マニュアル 2018」2018 年

要です。暑さ指数とは、人体と外気との熱のやりとり（熱収支）に着目した指標で、人体の熱収支に与える影響の大きい**湿度**、日射・輻射（ふくしゃ）など周辺の**熱環境、気温**の３つを取り入れた熱中症予防の指標となるものです。例えば、公益財団法人日本スポーツ協会「スポーツ活動中の熱中症予防ガイドブック（第５版）」(2019) によると、暑さ指数が 28 ～ 31℃の場合は熱中症の危険性が高いため、激しい運動や持久走など体温が上昇しやすい運動を避け、頻繁に休息をとって水分や塩分を補給すること、

図7-4 熱中症予防のための運動指針

WBGT℃	湿球温度℃	乾球温度℃		
			運動は原則中止	特別の場合以外は運動を中止する。特に子どもの場合には中止すべき。
31	27	35	**厳重警戒** （激しい運動は中止）	熱中症の危険性が高いので、激しい運動や持久走など体温が上昇しやすい運動は避ける。10〜20分おきに休憩をとり水分・塩分を補給する。暑さに弱い人※は運動を軽減または中止。
28	24	31	**警　戒** （積極的に休憩）	熱中症の危険が増すので、積極的に休憩をとり適宜、水分・塩分を補給する。激しい運動では、30分おきくらいに休憩をとる。
25	21	28	**注　意** （積極的に水分補給）	熱中症による死亡事故が発生する可能性がある。熱中症の兆候に注意するとともに、運動の合間に積極的に水分・塩分を補給する。
21	18	24	**ほぼ安全** （適宜水分補給）	通常は熱中症の危険は小さいが、適宜水分・塩分の補給は必要である。市民マラソンなどではこの条件でも熱中症が発生するので注意。

1）環境条件の評価にはWBGT（暑さ指数とも言われる）の使用が望ましい。
2）乾球温度（気温）を用いる場合には、湿度に注意する。
　湿度が高ければ、1ランク厳しい環境条件の運動指針を適用する。
3）熱中症の発症のリスクは個人差が大きく、運動強度も大きく関係する。
　運動指針は平均的な目安であり、スポーツ現場では個人差や競技特性に配慮する。
※暑さに弱い人：体力の低い人、肥満の人や暑さに慣れていない人など。

出典：公益財団法人 日本スポーツ協会「スポーツ活動中の熱中症予防ガイドブック（第5版）」2019年

体力の低い人や暑さに慣れていない人は運動を中止することなどの目安が示されているので参考にしましょう（図7-4）。
　さらに、「熱中症環境保健マニュアル 2018」（環境省、2018）では、高温、

多湿、風が弱い、**熱を発生するものがある**等の環境では身体から外気への熱放散が減少し、汗の蒸発も不十分となって熱中症が発生しやすいと指摘されています。したがって、屋内で活動する部活動、例えば体育館や武道場で活動する運動部のほか、教室で活動する文化部の場合も、閉め切った室内やエアコンのない教室などで長時間練習していると熱中症が発生しやすくなるため注意が必要です。

② 過換気症候群

　不安や精神的なストレスなどが原因で**呼吸数**が必要以上に増え、血液中の二酸化炭素濃度が下がってしまうと**呼吸の抑制**が起こり、呼吸のしづらさを感じて苦しくなり、さらに呼吸を増やそうとして苦しくなる、これが**過換気症候群**です。息苦しさのために深く大きい呼吸をしようとして苦悶の表情になり、**手足のしびれや知覚異常、ふるえ、テタニー症状**（手足の筋肉がけいれんし、腕や足の関節が曲がったままの状態になる）などの低二酸化炭素症状が見られます。

　過換気発作を起こした場合には、優しく話しかけるなどして安心させ、ゆっくりと静かに呼吸させようとすると徐々に血液中の二酸化炭素濃度が高まって苦しさが改善していきます。もし、不安などの精神的要因が強い場合には、専門家による相談やカウンセリングを勧めましょう。うまくストレスを発散できない傾向にある生徒などの場合、練習や試合、発表会などの場面で緊張や不安から過換気発作を起こしやすくなるため、日頃から精神・心理的な健康管理が必要となるでしょう。

③ けいれん

　けいれんとは、全身または身体の一部が突然**筋収縮**を起こし、数分間持続した後に消失する発作に対する症状名のことで、**意識の消失や障害**を伴うこともあります。もっとも多い原因は「**てんかん**」ですが、脳を障害する各種疾病や中毒などさまざまな原因があり、子どもでは発熱に

よって起こる場合もあります。

　けいれん発作が起こった場合の応急処置は、**気道を確保し**、**バイタルサイン**やけいれんの状態を観察・記録します。全身のけいれん発作を起こしている場合には、傷病者がけがをしないように眼鏡やヘアピンなどをはずしたり、周囲の危険物を除去したりして安全を確保します。救急車の要請は判断が難しいのですが、意識がない場合やけいれん発作が5分以上続く場合には病院に搬送しましょう。

4　骨折・捻挫への対応

① 骨折

　外力によって骨が損傷した状態を**骨折**といいます。骨折には、骨に亀裂（ひび）が入った状態のほか、骨が完全に折れている状態、折れた骨が皮膚の傷から外に出ている状態などさまざまな種類があります。少しでも骨折の疑いがあるときには、基本的な応急処置として RICE 処置を行いますが、骨折した部位が動かないよう**副木（そえぎ）**で固定することも大切です。ダンボールや板などでも構いませんので、患部に当てて包帯などで固定し、病院に搬送しましょう。

② 捻挫

　捻挫とは、外力によって関節が動かせる範囲以上の動きを強制された結果、**靱帯や関節包**が損傷した状態です。靱帯のわずかな損傷による局所の圧痛のみで腫脹も少なく関節の不安定性はない**軽症**、靱帯の部分断裂によって明らかな圧痛や腫脹はあるが関節の不安定性はない**中等症**、靱帯の完全断裂によって明らかな関節の不安定性がある**重症**に分けられます。捻挫の応急処置も基本は RICE 処置を行い、病院に搬送しましょう。

5 引率中の事故対応

　部活動指導員は、「学校教育法施行規則の一部を改正する省令の施行について（通知）」（平成 29 年文部科学省令第 4 号）の「第 2　留意事項」に示された職務の一つに「**学校外での活動（大会・練習試合等）の引率**」があります。そして、「第 2　留意事項」には「**事故が発生した場合の現場対応**」として「部活動指導員は、事故が発生した場合は、**応急手当、救急車の要請、医療機関への搬送、保護者への連絡**等を行い、必ず**教諭等へ報告**すること。特に、重大な事故が発生した場合には、学校全体で協力して対応する必要があるため、直ちに教諭等に連絡すること」と対応の内容が具体的に示されています。引率中に事故が発生した場合の連絡先を事前に確認しておくことはもちろんですが、連絡した相手が不在であった場合、次は誰に連絡するのかといった順番も把握しておきましょう。

　また、宿泊を伴う遠征時における救護体制のメリットとして、遠征に参加する人数は限られることから生徒個人の情報を把握しやすいこと、毎日の健康管理がしやすいこと、競技によって発生しやすい事故を特定できることから準備する資器材を決めやすいことなどが挙げられています（輿水、2020）。しかしその反面、デメリットとして遠征先の医療事情を把握できていないことが指摘されています。各都道府県に設置されている**医療情報センター**を活用するなどして、遠征先の医療情報を入手しておきましょう。児童や生徒等を引率する際には、もし事故が発生した場合であっても迅速かつ適切に対応できるよう、事前に連絡先や医療機関などの救護体制を確認しておくなどの備えが重要です。

6 災害時の対応

災害発生時の初期対応として、「学校防災マニュアル（地震・津波災害）作成の手引き」（文部科学省、2012、20頁）には次のようにあります。

> 地震発生時には児童生徒等が恐怖を感じて動けなくなったり、パニック状態になることも考えられます。教職員は落ち着いて「落ちてこない・倒れてこない・移動してこない」安全な場所を素早く判断し、適切に指示することが求められます。日常から校内の状況について把握しておくとともに、安全点検時に情報等から非構造部材等の危険についても理解しておきましょう。また、揺れている間でも、児童生徒等の安否確認、避難行動の補助、応急手当等が必要になることもあり、揺れが収まった後の人員確保や教職員間の情報連絡方法等について一連の流れを確認しておくことが大切です。

　部活動指導員も、災害発生時に部員を安全に避難させるために、安全な場所の素早い判断や適切な指示が求められるので、**ハザードマップや避難経路、防災マニュアル**などを十分に理解しておきましょう。また、**避難行動の補助や応急手当**にあたることもあるため、教職員との連携体制を構築するためにも、学校の避難訓練に積極的に参加しましょう。

　地震の場合、揺れが収まった後でも津波など次に発生する災害（**二次災害**）から避難するための行動が必要となる場合があります。また、災害発生時は、マニュアルに定められた避難経路や避難先の状況が刻々と変化することも十分考えられるため、正確な情報に基づいた二次災害発生の判断や適切な避難行動の判断が求められます。災害発生時の具体的対応については、「学校防災マニュアル（地震・津波災害）作成の手引き」（文部科学省、2012）等を参照してください。

コラム⑥　判例に見る部活動中の事故に対する校長及び指導教諭の責任の範囲

　部活動中には事故が起こることがありますが、校長、指導教諭には事故を防ぐために安全に配慮する責任があります。校長と指導教諭ではその安全配慮義務の内容が異なるので注意が必要です。

①熱中症の事例

　生徒が中学校のバドミントン部の部活動中に熱中症になり脳梗塞を発症した事案において、校長には過失が認められましたが、部活動の指導教諭には過失が認められませんでした。校長及び部活動の指導教諭は、部活動中の生徒の生命、身体の安全確保に配慮すべき義務を負っています。熱中症は重篤な場合死に至る疾患であることから、校長及び指導教諭は、この安全配慮義務の一環として生徒の熱中症発症を予防すべく熱中症予防策をとるべき法的義務を負っています。日本体育協会の熱中症予防指針では、気温を把握した上で運動の中止等の配慮をするように求められています。それで、校長には、体育館内に温度計を設置し、指導教諭が気温に応じた対応をとることができるようにすべき注意義務があるとされました。

　ところが、事故当時、体育館内の気温は運動を原則中止とすべき環境に近かったにもかかわらず、体育館内には温度計が設置されていなかったために、指導教諭が気温に応じた対応をとることができなかった結果、生徒が熱中症を発症したとして、校長には過失が認められました。他方、指導教諭には、体育館内に温度計の設置がない状況下では運動の中止または軽減等の判断を適切に行うことは困難であったとして、過失は認められませんでした。

　また、指導教諭による指導が、本来の部活動の指導目的を超えるものである場合は、不法行為と認められる場合があります。

②継続的な暴行や威迫的言動を伴う指導に対して不法行為が成立した事例

　高等学校の保健体育の教諭でありバスケットボール部の顧問と監督もしていた教諭Aから、継続的な暴行や威迫的言動等の行為を伴う指導を受けていた生徒Bが自殺した場合において、Aに不法行為が認められた判例があります。

　Bは、自殺する3カ月前に同部のキャプテンに選ばれました。Aは、Bがキャプテンに就任してから、キャプテンを務める選手に対する指示等としての指導の過程でたびたび厳しく叱責し、平手で顔面等を殴打したり、他の生徒らの面前で「キャプテン辞めろ」等と語気鋭く述べて責め立てるなどの威迫的言動を伴う指導を行いました。Aは練習試合の際、Bに「何でディフェンスを見ない」「しっかりやれ」等と怒鳴りつけて責め立てながら頬や側頭部を平手で8ないし10回ほど強く殴打し、またBに詰め寄ってコートの外に後ずさりして移動させながら側頭部辺りを平手で5ないし7回ほど連続して強く殴打し、さらに「しっかりやれ」等と怒鳴りつけながら頬や側頭部を3回ほど平手で強く殴打しました。これらの合計16ないし20回ほどの体育館全体に大きく音が響き渡るほど強度の殴打により顔面に相当の出血をさせ全治約3週間の傷害を負わせ、暴行罪及び傷害罪で懲役1年（執行猶予3年）の有罪判決を受けています。その他にも、AはBに数々の威迫的言動を伴う暴行を加えていました。裁判所は、これらの行為は指導上の叱咤激励のみを目的として行われたものであるとは認め難く、Bの身体及び人格の尊厳を傷つけ強い不安や恐怖及び苦悩や混乱等に陥れて著しい精神的苦痛を与えるもので、不法行為が成立すると判断しました。この判断は至極妥当なものといえます。

復習問題

● 心肺蘇生法における「胸骨圧迫」と「人工呼吸」の手技について、それぞれまとめましょう。

❷ 次の**A〜D**の文章を読み、熱中症に関する内容として適当なものには〇、適当でないものには × をつけましょう。

　A　熱中症とは、熱の産生と熱の放散とのバランスが崩れ、体温が急激に上昇する状態である。

　B　熱中症は重症度によって軽症（熱疲労）、中等症（熱失神、熱けいれん）、重症（熱射病）の３段階に分類される。

　C　運動時における熱中症対策は、気温に注意することである。

　D　屋内での活動であっても、高温、多湿、風が弱い、熱を発生するものがある等の環境では熱中症が発生する。

❸ 部活動指導員に求められる災害の備えについてまとめましょう。

第8章 指導者の自己理解と心の健康

学習のポイント

- 自分自身の価値観および性格について考える
- ストレスへの対処方法について理解する
- 怒りの原因と対処法を知る

　この章では、部活動指導員になる皆さん自身について考えてほしいと思います。はじめに、「自分自身の傾向を知る」ことをテーマに心理テストを取り上げて、私たちの心の仕組みとその捉え方について学んでいきます。次に、指導者自身の心の健康を保つために重要となる**ストレスマネジメント**や**アンガーマネジメント**について紹介していきます。そして最後に、皆さんの部活動指導員としてのキャリアと生活とのバランスについて考えてもらうために、**ワーク・ライフ・バランス**の概念を紹介します。

1 自己理解の重要性

　生徒とコミュニケーションをとる上で、自分自身の考え方や**性格傾向**を知っていることは大変重要です。どうしてでしょうか。私たちは普段人と接するとき、知らないうちに、自分の考え方や価値観をもとに相手を理解したり、判断したりして相手と関わっています。もちろん、ある程度一貫した自分なりの価値観を持っていることは大事で、それが「その人らしさ」をつくっているということもできます。しかしながら、指導者となったときには、場合によっては自分自身の持っている価値観や考え方によって、生徒を真に理解することを妨げてしまうこともあります。

　例えば、あなたが運動部の部活動指導員として中学校に入ることになったときを考えてみてください。あなたは何らかのスポーツを学生時代にずっと続けてきて、その経験を生かして、部活動指導員として指導することになったとします。そのとき、あなたはどのような指導を行うでしょうか。

　コーチングについてのテキストを買ってきて指導法を考えることなどはあるかもしれません。しかしやはり、基本的にはこれまでの自分の経験をもとに指導することが多いのではないでしょうか。あるいは、吹奏楽や書道など、文化部についても同じことと思います。良くも悪くも、私たちにはこれまでに培ってきた練習方法があり、その根底にはスポーツ観や音楽観など、その分野に関する自分の価値観があります。このことはある意味自然なことで、私たちはこれまでの経験に基づいてさまざまな判断や行動決定をしています。

　ここで例を挙げながら考えてみたいと思います。ある部活動指導員が自分の経験に基づいて、技術を向上させるためには朝練を毎日行うことは当たり前、休みなく練習日を設定することは当然、と思っていたとしましょう。しかし、実際に指導することになったチームが朝練などはあまり行わない、厳しい練習を行うよりも、楽しむことを優先して活動しているといった様子を見たらどう感じるでしょうか。「なんだ、この生ぬるい部活は！」と思ったり、「何とかして勝つ楽しさを教えたい！そのためにもっと厳しい練習プログラムを課そう！」などと考えるかもしれません。

　しかし、そのチームがより強いチームになることを求めているとは限りません。また、チーム内でも、その温度差はあると思います。技術力を少しでも上げたい、勝つことや成果をあげることが何より大事、と思っている生徒もいれば、仲間と一緒に活動することが楽しいとか、身体を動かすことが目的で勝ちにはあまりこだわっていない、という生徒もいるでしょう。部活動に求めるものは人それぞれ違います（部活動に生

徒が求めるもの、保護者が求めるものといったデータは、スポーツ庁〈2018〉の調査などにもあります。ぜひ参考にしてください）。指導者の価値観により、生徒に無理な練習を強いていないか、学校生活の他の活動に影響を及ぼしていないか（学業との両立など）、見直してみることも大切です。そのためにも、まずは自分がどのような価値観を持っているかを知っていることが重要なのです。

　ところで、筆者は普段、大学で心理学を教えていますが、1年生の授業の始めに必ず、「心理学を学ぶとどんなことに役立つと思う？」ということを聞いています。すると、どんな答えが返ってくるでしょうか。多いのは、「相手の気持ちが分かるようになる」という答えです。"相手の気持ちを分かりたい"——これは確かに、心理学を学ぶ上で大きな関心事ですし、学ぶモチベーションになるようです。教員や部活動指導員など子どもたちを指導する立場になる人にとっては、相手、すなわち児童生徒の気持ちが分かるようになることは重要でしょう。心理学は人の心の在り様や動きを理解する学問ですから、心理学を学ぶことで人の気持ちに寄り添ったり、やる気を引き出したりする術を知ることができます。［基礎編］でも、生徒理解やモチベーションを高めるコーチングについてなど、解説してきました。

　しかし、もう一つ、心理学を学ぶことで目指したいのが「自分のことを理解する」ことです。実は、「相手の気持ちを理解する」ためにも、「自分のことを知っている」ことは大切です。というのも、自分と似たタイプの生徒であったり、自分と価値観が近い人のことであったりすると、私たちはその気持ちに共感しやすくなりますし、相手のことを分かりやすいと思うことでしょう。一方で、自分と考え方が違うなと思ったり、どうしてそういうふうに行動するのか分かりづらい相手というのもいることと思います。そうすると、その人のことを無意識に遠ざけてしまったり、評価が低くなってしまったりといったことが起こりがちです。

　しかしながら、自分自身の性格傾向や価値観を理解し、より客観的な

視点を持っていると、自分とは違う価値観なのだな、ということを前提にして、相手のことも理解しようと努めるでしょう。心の治療の専門家であるカウンセラーは、カウンセリング場面において、相手の心を理解するために、自分自身の心の動きに敏感になることが重要で、そのための訓練を積んでいきます。自分自身のことを知っていないと、真の意味で相手を理解することは難しいのです。より柔軟で、さまざまな生徒に寄り添える部活動指導員となることを目指して、自分自身の考え方や性格傾向を見直してみましょう。

2　指導者の性格特性を知る：心理テストによる理解

　前節では自己理解の重要性について見てきましたが、ここでは、自分自身の性格を知る一つのツールとして、心理テストを紹介したいと思います。
　今回紹介する心理テストは、**エゴグラム**と呼ばれるものです。エゴグラムは、カナダの精神科医であるエリック・バーン（Berne, E.）が作ったもので、用意された質問文に答えていくことで比較的簡単に私たちの心の傾向を知ることができる心理テストです。自己理解を深めることを目的に、大学の授業などでもよく使われますが、中学生や高校生でも行うことが可能で、授業の一環として実施されたりします。読者の皆さんの中にも、これまでに受けたことがある人がいるかもしれません。ここでは、エゴグラムの説明と、その背景となる心の仕組みについて、解説していきたいと思います。

■　心の仕組みとバランス

　エゴグラムは、先ほども述べたように、精神科医エリック・バーンが私たちの心の仕組みを考えるツールとして作成したものです。バーンの

図8-1 3つの自我状態

P	Parent 親の自我状態
A	Adult 大人の自我状態
C	Child 子どもの自我状態

※東京大学医学部心療内科 TEG 研究会編『新版 TEG2 解説とエゴグラム・パターン』（金子書房、2006 年）をもとに筆者が作成した。

理論では、人の心は、親（Parent）、大人（Adult）、子ども（Child）の３つの自我状態から構成されると考えます（図8-1）。

親の自我状態とは、「こうしてはならない」「こうしなくてはならない」など、社会の規範を取り入れて心の中に育まれてきた理想や良心のようなものです。生まれたときから持っているものではなく、幼児期以降、養育者によるしつけや、周囲の大人の振る舞いをモデルとして身についていくものです。

一方、子どもの自我状態とは、「こうしたい」「ああしたい」といった本能欲求に基づくもので、人の心を動かすエネルギーの源にもなります。私たちは生まれたときは、この子どもの自我状態が心の大半を占めています。赤ちゃんのときは、眠くなったら「寝たい！」とぐずり、お腹がすいたら「食べたい！」と泣く、というように本能欲求のままに生きています。これが子どもの自我状態なのです。

そして、大人の自我状態とは、この親の自我状態と子どもの自我状態の２つのバランスをとりながら、現実的な判断をし、社会に適応しようとする自我状態です。

私たちは生まれたとき、子どもの自我状態で生まれてきますが、成長

とともに、自分の欲求ばかりでは生きていられなくなります。社会で生きていくためには、時には我慢をしたり、時と場に合わせて行動をふさわしいものにしたりすることが必要になります。そうしたことを子どもに教えていくのが、親や社会からの「しつけ」になりますが、こうした「しつけ」によって私たちの心に出来上がっていくのが、「○○すべき」という親の自我状態です。

　この３つの自我状態は私たちの成長過程でもそのバランスが変わります。小さい子どもは自分の欲求をコントロールすることが苦手ですが、これは子どもの自我状態が強いからです。学齢期には親や教員をお手本にして行動することから、親の自我状態が強くなりますが、思春期になると再び本能欲求が強くなり、また、お手本になっていた親や教員への反発心から、親の自我状態が弱くなったりします。

　このように、３つの自我状態のバランスは時期によっても変わります

が、人によっても違いがあります。子どもでも親の自我状態、すなわち「○○すべき」が強くて規範やルールをしっかりと守らなければ気が済まない子もいれば、大人でも子どもの自我状態が強い人もいます。こうした違いがさまざまな個性をつくっているともいえるでしょう。

　しかし一方で、このバランスが極端に偏りすぎたり、硬直化して柔軟に変えられなかったりすると、心が不健康な状態になることもあります。例えば、親の自我状態が強くなりすぎ、一方で、子どもの自我状態が極端に弱い状態であると、「○○すべき」という考えばかりにとらわれて、自分が本来したかったことが何だったのか分からなくなってしまったり、周囲の人がルールを守らなかったりすると、強い苛立ちを感じたり、心にさまざまな不調を抱えることにもなります。この３つの自我状態のバランスをとることが、私たちの心の健康を考える上で大事なのです。

２　エゴグラムが表しているもの

　こうした心の仕組みを、用意された質問項目に答えることによって得点化しようとしているのがエゴグラムという心理テストです。なお、エゴグラムでは、親の自我状態と子どもの自我状態はそれぞれ、さらに２つの側面に分けて得点化していきます。

　親の自我状態は、**父親的**なものと、**母親的**なものに分かれます。父親的な親心は、英語で Critical Parent といい、**CP** と表記します。そのまま訳すと批判的な親ということになりますが、道徳や倫理観を重んじる支配的な側面が強いということで、厳しい父親のイメージが CP の測定している側面になります。

　一方、母親的な親心は、英語で Nurturing Parent といい、**NP** と表記します。養育的な親と訳すことができます。養護的、保護的な側面を測定していますが、一方、この傾向が高じると過保護・過干渉ということにもなります。特に、思春期の子どもたちにとっては、大人の過保護や過干渉的な態度は、けむたくなることもあるでしょう。

また、子どもの心についても、自由な子ども（Free Child：**FC**）と、従順な子ども（Adapted Child：**AC**）に分けられます。それぞれの側面の意味については、表8-1 に示しましたので、そちらで説明していきます。これに、大人の自我状態の Adlut：**A** を足して5つの側面から、人の性格傾向を見ていこうというのがエゴグラムという心理検査です。

なお、エゴグラムの具体的な質問項目については、西村著『コミュニケーションスキルが身につくレクチャー＆ワークシート』（2008）などを参考にしてください。自己採点式で簡単に得点を出すことができます。

表8-1 は、CP、NP、A、FC、AC それぞれの傾向が高かったときの良い面と悪い面をまとめています。

まずはじめに、**CP** が高い人は、しっかりしていて頼りがいがあるものの、場合によっては、支配的、威圧的になりがちです。

NP が高い人は、優しく面倒見がよい一方で、場合によっては、過保護や過干渉になりがちです。

A については、論理的であるかということや、現実的判断力、情報収集力などを測定しています。A が高い人は、論理的で冷静、現実主義者であるため、的確な判断をすることが可能で、しっかりとした印象

表8-1 エゴグラムの5つの側面が表しているもの

CP	良い面：しっかりして頼りがいがある、道徳的 悪い面：支配的・威圧的
NP	良い面：優しく親しみやすい、養護的、愛情 悪い面：過保護、過干渉、世話のしすぎ
A	良い面：論理的、冷静、現実主義 悪い面：人情味に欠ける
FC	良い面：行動的で楽しい、自由奔放、直感的 悪い面：自己中心的、本能的、わがまま
AC	良い面：素直、協調的、他人を信頼 悪い面：依存的、自信の低さ

※西村宣幸『コミュニケーションスキルが身につくレクチャー＆ワークシート』（学事出版、2008 年）をもとに筆者が作成した。

を与えるかと思いますが、この点数が高すぎると、人間味に欠け、冷たいと受け取られることもあるかもしれません。

FCは子ども心の中でも、自由で直感的な子どもの側面を表しています。FCが高い人は、自由奔放で行動的ですが、ともすると自己中心的でわがまま、衝動的、などと受け取られたりするかもしれません。

最後に、ACは子ども心の中でも素直で大人しい側面を測定しています。ACが高い人は、素直で協調的ですが、依存的で自分に自信を持てない側面があるかもしれません。

これらを得点化することにより、自分はどのような傾向が高いか、あるいは低いかを知ることができます。これら5つの側面は、どれが高いと良い、あるいは悪い、ということはありません。今見てきたように、いずれも良い面があり、一方で悪い面もあります。まずは自分自身の傾向を知り、それを強みにしていくこと、あるいは、自分のこうした傾向が生徒とぶつかる原因だな、などと感じることがあれば、それを修正していくことのきっかけになればと思います。

3 ストレスマネジメント

1 ストレスを感知する

ストレスについては第3章で取り上げましたが、ここでは指導者のストレスおよびそのマネジメントについて考えていきたいと思います。

ストレスという言葉は現在広く用いられています。「環境や人間関係によって個人に心理的な負担を生じさせるもの」をストレスといいます。

ストレスマネジメントとは「ストレスに適切に対処すること」です。ストレスに対処するためにはまず自分がストレスを感じていることを自覚しなければなりません。私たちはストレスを必ず自覚できているとは限りません。例えば自分が指導している部活動が大会に出場して良い成

績をおさめたとしましょう。それはとても嬉しいでしょうし満足を生じ
させますが、「次も同じように良い成績をおさめなければならない」「急
に周囲の期待が大きくなって負担だなあ」というストレスを知らず知ら
ずのうちに感じているかもしれません。「これは喜ばしいことである」
という思い込みによってそれ以外の感情を排除してしまう場合、ストレ
スがかかっていることに気がつかないということもあるでしょう。

❷　ストレスへの対処法：マインドフルネス

　ストレスの対処には、ストレスの要因そのものを取り除く以外に、ス
トレスを感じる感情自体にアプローチするやり方があります。本節では
昨今注目を浴びている**マインドフルネス**を取り上げたいと思います。
　アメリカ人医師であるカバットジン（Kabat-Zinn, J.）によると、マ
インドフルネスとは価値判断をせずに一つひとつの瞬間に注意を集中す
ることです。私たちは普段、現在よりも過去や未来に思いをはせてい
る時間の方がずっと長く、実際に"今"起きていることについてはほん
の少ししか自覚していません。別の言い方をすると、マインドフルネス
とは「意図的に何かをすることをやめ、"今"という瞬間の中で自分を
解放する」ことであり、「ただ自分のおかれているありのままの状況と
ともにその瞬間をすごす」ということです（カバットジン著／春木訳、
2007、31 頁）。マインドフルネスの中心的技法である**呼吸法**と**静座瞑想
法**について概説したいと思います。

①呼吸法

　マインドフルネスでは**腹式呼吸**が推奨されています。お腹の上に手を
当てて、息を吸い込むとお腹が膨らみ吐くとお腹がへこんでいればうま
く腹式呼吸ができていることになります。実際のマインドフルネス瞑
想では毎日 45 分から 1 時間の瞑想をしますが、最初は"3 分間呼吸法"
を練習して呼吸の仕方を習得しましょう。呼吸をしている間にいろいろ

な雑念が思い浮かんできますが、それに判断を下したりとらわれたりせずに呼吸に集中しましょう。3分間うまく呼吸に集中できるようになってから少しずつ時間を長くしていきます。

②静座瞑想法
　椅子に座るか床にあぐらをかくなどして座った姿勢で、先述の呼吸法を行いながら瞑想をします。次のような順番で訓練をしていきます。
(1)　静座瞑想1：呼吸と共に座る
　　座った姿勢で楽な気持ちで自分の呼吸に注意を集中する。自分の心が呼吸から離れたことに気づいたら、そのたびに自分の腹部と呼吸に注意を引き戻す。
(2)　静座瞑想2：呼吸と体の一体感を味わいながら座る
　　ある程度の時間、呼吸に注意を集中できるようになったら、座っている自分の体と呼吸は一体であるという感覚を意識しながら、呼吸や腹部の周辺にまで意識を広げる。
(3)　静座瞑想3：音と共に座る
　　瞑想している間、音だけを聞くようにする。音を聴き取ろうとするのではなく、耳に入ってくる音を聞く。音を判断したり音について考えたりせず、ただ音を聞く。
(4)　静座瞑想4：心の中の思いと共に座る
　　心の中の考えや思いのプロセス自体に意識を向ける。考え込んだり考えに引き込まれたりしてしまわないように気をつけて、単に考えや思いの内容に注目する。いろいろな思いが過ぎ去ったり戻ってきたりするのに任せ、すべての思いが過ぎ去ったら呼吸に注意を戻す。
(5)　静座瞑想5：あるがままの意識と共に座る
　　何もせず、何にも注意せずにただ座る。何かに執着したり求めたりしない。意識を解放し、意識の領域に入ってきたものは受け入れ、去っていくものは去るに任せてじっと観察する。

　以上、ストレスマネジメントについて概説しました。マインドフルネスは、ストレスの多寡にかかわらず穏やかな精神状態を保つのに非常に有効な方法なので役立ててもらえればと思います。

4　アンガーマネジメント

■　アンガーマネジメントとは

　怒り（アンガー）という感情は人間の基本的な感情の一つです。**アンガーマネジメント**は「怒りに適切に対処する方法」であり、怒りの調整に焦点を当てたストレス対処スキルです。最初にノヴァコ（Novaco, R., 1975）によって開発され、感情の起伏が激しい成人向けに展開されてきました。怒りに適切に対処するには、なぜ自分が怒っているのかという怒りの背景を知り、怒りの背景に応じた適切な対処法を取る必要があります。

■　なぜ自分が怒っているのか？　怒りの背景を知る

　怒りへの対処法は怒りの背景によって異なります。ここでは4つのタイプの怒りの背景を取り上げ、それぞれの対処法を説明していきたいと思います。

①怒りの背景に傷つきがある場合

　人は心の傷つきに弱い生き物です。自分が批判されている、自分がないがしろにされている、自分に価値がないと感じるときなどに人はとても傷つきます。傷ついたという感情はとてもつらいので、怒りという感情を爆発させ、傷つきという痛みを生じる感情をどこかに追いやろうとするのです。

　傷つきが背景にある場合の対処法は、①傷つきと怒りの結びつきを断

つ、②傷つきの手当てをする、③相手の言動に一旦敬意を払ってみる、の3つが挙げられます。

　最初の「傷つきと怒りの結びつきを断つ」は、自分の本当の感情は傷つきであって怒りではないということをしっかりと理解することから始まります。そして「私は何に傷ついたのだろう？」「どうしてそのことに傷ついたのだろう？」と考えてみましょう。傷ついた感情に目を向け、なぜ自分が傷ついたのか納得のいく答えを得たとき、怒りという感情はどこかに行ってしまっていることでしょう。

　次に「傷つきの手当てをする」という対処法ですが、自分が傷ついたとき、「自分は全くの無能だ」「自分には何の価値もない」というように感じてしまってはいないでしょうか。少し気持ちを落ち着けて考えれば、自分は全くの無能ではなく、いろいろな長所を持っていることでしょう。極端な考え方になっているときは物事の一部分にしか目がいっていない状態です。全体を見るとそんなに悪くないことが分かります。物事の全体を見つめ、自分を認めましょう。

　最後に「相手の言動に一旦敬意を払ってみる」という対処法ですが、相手の言動が傷つきを生み激しい怒りが生じてきた場合、相手の言動が指し示すものが自分が改善すべき面を的確に捉えているかもしれません。怒りが過ぎるのを待って、相手に言われたことを冷静に考えてみましょう。

②自分の「こうあるべき」に相手がそぐわない場合

　自分の「こうあるべき」に人が従わないときに人は怒りを覚えます。部活動の指導場面ではもっともあり得るパターンかもしれません。部活動指導員によくある「こうあるべき」は、「いかなるときも全力で努力すべき」「つらくても耐えるべき」「試合には勝つべき」といったものから細かいトレーニング方法まで多岐にわたるでしょう。

　部活動指導員は常に自分の「こうあるべき」の内容を吟味し、それが

妥当であるかをチェックしましょう。妥当であるならば、その「こうあるべき」の根拠を説明できるはずです。その説明はそのまま生徒の指導に活用することができるでしょう。

③慢性的なストレス状況が背景にある場合

　過労や人間関係上の問題などの**慢性的なストレス状況**は、人に余裕をなくさせます。余裕がないときはちょっとしたことでイライラしやすくなります。最近イライラしやすくなっていると感じたら、それは何らかの負荷が自分に加わっている可能性が高いので、そのストレス自体への対処をしましょう。

　過労が慢性的なストレスであるようなら休暇をとる、仕事を減らすということが必要になるでしょう。人間関係上の問題ならば友人や同僚、仕事仲間などに相談するだけでもストレスを軽減できますし、解決のための具体的な方略があるならそれを試みてみましょう。

④恒常的な認知の歪みがある場合

　ここでいう**恒常的な認知の歪み**というのは、人の言動を敵意と捉えやすいことを指しています。これは状況に依拠するというより、個人のパーソナリティによるものです。同じ物事が起こっても、その事象をどのように捉えるかは人によって違います。例えば、友人と食事に行く約束をしていたのに、当日「急用が入ったので」という理由でキャンセルされたとします。このとき「急用が入ったのだから仕方ない、また今度行けばいいや」とあまり気にしない人もいるでしょうし、「自分となんか食事に行きたくないに違いない」とか「あの人は自分に嫌がらせをしている」と考え、激しい怒りが生じたり、気持ちが落ち込んでしまったりする人もいるでしょう。

　自分がいつも人の気持ちを悪意と捉え、基本的に人は敵意を向けてくるものだと感じているようなら、自分の思考に偏りがあることを自覚し、

相手が自分に敵意を持っているわけではないという可能性について落ち着いて検討しましょう。

　以上、アンガーマネジメントについて述べてきました。怒りに適切に対処するには、自分の怒りの原因や背景を知るという自己理解が非常に重要であることが分かったことと思います。

5　ワーク・ライフ・バランス

1　ワーク・ライフ・バランスとは

　ワーク・ライフ・バランスとは「仕事と生活の調和」のことであり、仕事と生活（家庭を含む充実した人間関係や余暇活動等）のバランスがよく保てていることを指します。ワーク・ライフ・バランスをよりよく保つための「仕事と生活の調和推進のための行動指針」（仕事と生活の調和推進官民トップ会議策定、2007）によると、仕事と生活の調和が実現した社会に必要とされる条件は、「①就労による経済的自立が可能な社会」「②健康で豊かな生活のための時間が確保できる社会」「③多様な働き方・生き方が選択できる社会」となっています（1－2頁）。つまり個人が経済的に自立可能な収入を得る一方、健康的で豊かな生活を維持できており、多様な働き方や生き方が選択できているという状態を達成することが、その人にとっての良いワーク・ライフ・バランスということになります。

2　一般的なワーク・ライフ・バランスの指標

　労働基準法で定められた労働時間は「1日8時間および週40時間」であり、「毎週少なくとも1日の休日」を設定しなければならないと定められています。労使が法律に基づく協定を結んだ場合でも、時間外労

働は原則として**月45時間、年間360時間**までとなっています。部活動指導員は勤務形態によっては自分の労働時間の把握が難しく、自分の労働時間がどのくらいなのかチェックしておく必要があるでしょう。

　労働時間の他に一般的なワーク・ライフ・バランスの指標として挙げられるのは、仕事以外の時間を自己啓発や余暇活動、充実した人間関係のために使うことができているかということです。仕事以外の生活がどのようになっているかをチェックしてみると、自分のよりよいワーク・ライフ・バランスの実現に近づくことができるでしょう。

❸　自分なりのワーク・ライフ・バランスを考える

　仕事、余暇活動、自己啓発、子育てや家事に携わる時間をどのくらい確保し、どういったバランスにしたいのかというのは人によっても異なりますし、同じ人でもその人のライフステージによって異なります。例えば、子どもが幼いときは子育てや家事に携わる時間を長くしたいと考える人が多いでしょうし、子どもが成長して独立していればもっと仕事や余暇活動に時間を割きたいと考えるかもしれません。また、同じライフステージにあっても、例えば部活動の試合シーズンは仕事の比重を高くして指導に時間を割きたいと考えるかもしれませんし、試合のないシーズンは部活動の指導以外の余暇活動や家族のために時間を割きたいと考えるかもしれません。

　大事なのは、自分がどのようなバランスで生活を送りたいのかを明確にすることです。仕事、余暇活動、自己啓発、家庭や子育てのバランスをどのように保っていきたいのか、短期的目標と長期的目標に分けて紙に書いて可視化してみるとよいでしょう。

　自分がよりよいワーク・ライフ・バランスを保てているかをチェックするには、自分が今の生活に満足できているだろうかと自分自身に尋ねてみるとよいでしょう。また、ある領域が別の領域にネガティブな影響を与えていないかを検討することが役に立ちます。これは具体的にどう

いうことかというと、例えば「仕事のせいで家族との時間がとれない」「仕事のせいで家庭でイライラしてしまう」ということがあれば、仕事という領域が家庭という領域にネガティブな影響を与えているといえます。この例の場合は、仕事量を減らすなどの対処が必要でしょう。

　以上、ワーク・ライフ・バランスについて概説をしました。労働時間を把握して一定時間内にすること、自分にとってのより良いワーク・ライフ・バランスとは何かを明確にし、ライフステージに応じて各自が自分なりのワーク・ライフ・バランスを考えることが大切です。

コラム⑦　学校運動部活動指導に関わる教職員および部活動指導員向け研修例

　運動部活動指導に関わる教職員および部活動指導員は、技術向上を目指した努力や工夫にとどまらず、礼儀や最後までやりぬく力等生徒の人間力の育成を目指した教育活動を行っています。活動にあたって生じる保護者・同僚との関係性の困難さや自身の指導力不足等の心理的負担感については、生徒や保護者とコミュニケーションを図り信頼関係を構築したり、自己研鑽を積んだり、信頼できる関係者に相談したりすることで対処しています（安藤、2018）。

　このような実態に基づき、思春期・青年期にある生徒の心理を踏まえた運動部活動指導を行うために、指導者自身の自己コントロールとコミュニケーションの力を育むことを目的とした心理教育"サクセスフル・セルフ"を紹介します。"サクセスフル・セルフ"では、認知面、感情面、行動面に働きかけて、自己理解および他者理解を深め、自己コントロール、社会的適応力、ほどよい人間関係、自己効力感が向上し、うつなどの心理的問題やいじめやハラスメント等の行動上の問題を予防する力を保持増進し、心の問題を予防したり心の問題に対処したりする力を高め、社会の中で自分らしく生きる基礎力を身につけることを目指しています（安藤、2020）。

　研修会では「人間関係構築」や「困難な状況への対処と解決」をテーマとしたセッションを行います。「人間関係構築」では、ワークシート（表）を用いて人間関係を築くための自分自身の心がけや実践を振り返り、他者との交流を通して自己開示やコミュニケーションの在り方を体験します。そして、作成したワークシートでビンゴゲームをすることで、さまざまな意見を共有します。この活動を通して、人間関係を築くのに大切な心がけや行動について感じたり考えたりしながら、人間関係を築くための基礎づくりをします。

表 ワークシート「ビンゴで仲間と語り合いましょう」の内容

部活動が楽しい雰囲気になるようにあなたが心がけていることは	イライラ感や不快な気分をコントロールするためにあなたが心がけていることは	部活動で困難な状況に直面した時それを乗り越えるあなたのコツは
部活動部員の「やる気」を育むあなたのコツは	部活動部員と信頼関係を築くためにあなたが心がけていることは	あなたのリラックスする方法は
不機嫌な時でも人にあたらないあなたのコツは	精神的に支え合うチームワークづくりのためにあなたが心がけていることは	部活動部員の保護者と信頼関係を築くためにあなたが心がけていることは

筆者作成

「困難な状況への対処と解決」では、ワークシートを用いて、次の①〜④すべてに該当する体験について振り返ります。

①これまでの運動部活動指導で困難を感じた体験

②その体験から自分にとって何か学びがあったという体験

③その体験がなければ学ぶことができなかったという体験

④その体験で感じた困難感は現在何とかなっているという体験

振り返りにあたっては、自分や周囲の気持ちや問題解決に向けた対処について、省察したり、小グループや参加者全体で共有したりします。この活動を通して、困難な状況は誰にでも起こり得ることだと理解し（ノーマライゼーション）、そのような困難感と向き合い、対処していく大切さを学びます。

"サクセスフル・セルフ"を活用した心理教育研修は、運動部活動指導に携わる人が、運動部活動について省察したり、問題解決に取り組んだり、ソーシャルスキルを身につけたりするきっかけづくりとなっています。

コラム⑧　　私の部活動への思いと願い

　筆者は、現在、大学で教鞭を執っていますが、5年前までは茨城県公立学校の教員でした。小・中学校で勤め、中学校では、野球部顧問として部活動を担当しました。当時のことを振り返り、部活動への思いを2点述べることとします。

①部活動指導を通して感じられたこと

　筆者は、2つの中学校（その内、M中学校からはプロ野球選手1名、大リーガー1名を輩出）で部活動を担当しました。早朝から全員が笑顔で登校して朝の練習に参加し、練習が終わると元気にグラウンドを走って教室に向かっていく姿を毎日見ることができ、幸せな日々を送らせてもらいました。その時の生徒たちの合い言葉は、「部活動も頑張る、勉強も頑張る」でした。部活動は、生徒にとって中学校生活の支え、「生きがい」となっていました。

　部活動は、生徒の自主性を育む上で極めて有効な教育活動の一つではないか、と思います。上記した2つの中学校では、朝の練習は生徒の意見から実施することになり、練習試合、公式試合のスターティングメンバーは生徒と話し合った上で最終的には顧問である筆者が決めていました。多くの場面で、生徒の意見を取り入れながら部活動指導を行ってきた成果を生徒たちの日々の学校生活の様子から伺い知ることができ、教員としての「生きがい」を感じていました。

②部活動指導員、部活動担当教員に伝えたいこと

　部活動は、学校教育の一環として行われるもの、と現行の学習指導要領に示されています。つまり、部活動は生徒の自主的、自発的な参加により行われるものです。部活動指導員には、このことを念頭に置いて生徒たちの指導にあたってもらいたいものです。生徒た

ちの自主性を尊重しつつ、大会等で勝つことのみを重視し過重な練習を強いるような指導、つまり、[基礎編] 第9章で述べている「勝利至上主義」の指導は避けるべきだと思います。このことについては、部活動担当教員が直接、部活動指導員に「運動部活動での指導のガイドライン」（文部科学省、2013）を活用しながら、理解してもらえるまで、ねばり強く丁寧に説明することが重要です。いずれにしても部活動指導の責任者は顧問である教員です。部活動指導員を有効に生かしながら部活動を運営するには、教員の「コーディネーター」としての役割は極めて重要になると思います。また、筆者は、部活動を「生涯学習」の視点を持って指導することが重要だと考えます。

　生徒が取り組んだ部活動が、その生徒の人生を豊かにしてくれることを切に願っています。

復習問題

❶　次の**A**～**D**の文章を読み、本文の内容と一致していれば○、一致していなければ×をつけましょう。

　　A　エゴグラムの親の自我状態とは、現実的な判断をし、社会に適応しようとする自我状態のことを指す。

　　B　子どもでも親の自我状態が強い子もいれば、大人でも子どもの自我状態が強い人もいる。

　　C　マインドフルネスとは価値判断をせずに一つひとつの瞬間に注意を集中することであり、日常のストレス対処に有用な方法である。

　　D　アンガーマネジメントとは、怒りの背景にかかわらず、怒りという感情を静めようとすることである。

❷　あなたは普段、どのようなスポーツ観（あるいは、音楽や美術や書道などあなたが専門とする活動についての価値観）を持っていますか。考えてみましょう。

❸　ワーク・ライフ・バランスについて考えてみましょう。自分の持ち点を10点満点として、現在の生活について「仕事」「自己啓発」「余暇活動」「家庭もしくは友人関係」にどの程度のエネルギーを配分しているか点数をつけてみましょう。次に、自分が理想とするバランスはどのくらいなのか、同じように点数をつけてみましょう。現在の点数と理想の点数を比較して、自分のワーク・ライフ・バランス向上のために何ができるか考えてみましょう。

第9章 各国の課外活動

学習のポイント

●生涯発達から見た課外活動の意味について理解する
●課外活動のさまざまな在り方について理解を深める

　［応用編］最後の本章では、課外活動が何のためにあるのかについて改めて振り返ります。それから、本書は日本で部活動指導員になる人向けの本でありますが、最後に世界の他の国では課外活動はどうなっているのかについて紹介したいと思います。

　学校に部活動があることは当たり前だと思って話していると、相手の出身地によっては話が合わないことがあります。これは、課外活動の在り方が実は国によって違っているからです。

1 生涯発達から見た思春期の部活動の位置づけ

　中学校・高等学校時代の思い出を聞かれると、多くの人が部活動に関連した経験を挙げます。試合や大会に勝ったとか行事でうまく演れたとか、文化祭で賞を取ったという「勝利」体験に限らず、文化祭の準備で大変だったとか、練習で毎日へとへとだったとか、うまくいかなくてつらかったとか、部活動のやり方でもめたとか、先輩に怒られたとか、大変だったことやつらかったことも含めて、実にさまざまなことが語られます。部活動は青春そのもの、と考える人も多いでしょう。

　これを肯定するかのように、いわゆる「学園もの」に当たる漫画や小説でも、いまだに部活動が多く取り上げられているように思います。例

えば、『ハイキュー‼』『DAYS』『エリアの騎士』『おおきく振りかぶって』『弱虫ペダル』。やや珍しい運動部としては、『ツルネ：風舞高校弓道部』『あさひなぐ』。さらに、文化部を舞台にしたものとして、『ちはやふる』『とめはねっ！：鈴里高校書道部』『この音とまれ！』『響け！ユーフォニアム』『やはり俺の青春ラブコメはまちがっている。』『氷菓』『映像研には手を出すな！』『ぼくらの17 -ON！』などが挙げられます。昔は運動部を題材にした作品が目立ちましたが、最近は多様な文化部もまた取り上げられています。

１　思春期の部活動の意義

　それでは、**生涯発達**という視点から見た思春期の課外活動の位置づけはどのようになっているのでしょうか。［基礎編］第6章にもあるように、長い人の人生において、思春期とは、大人からの**精神的自立**と**アイデンティティ**の形成が行われる時期に当たります。この時期には、仲間との精神的な絆が、ソーシャルサポートを得るという意味でも、居場所になるという意味でも支えになります。

　このような時期における、部活動を含む課外活動の意義は何でしょうか。

　まず、知識や技術の獲得の側面があります。指導者や先輩から教わったり、自分で調べたりして、自分の興味のある分野について新しい知識や技術を身につけることができるでしょう。さらに運動部の場合、健康な身体づくりができるという意義が加わります。定期的に運動やスポーツをするほど、あるいは運動部に所属するほど、体力テストの得点が高いというデータが示されています。

　次に、人間形成の側面があります。仲間と協力して、あるいは切磋琢磨して活動を行うことにより、人間性が磨かれます。自主的に自分たちで工夫して活動をするうちに、その分野における知識や技術のみならず、問題解決能力や協調性・計画性などが伸びるでしょう。自分の興味があ

ることを追求するうちに、集中力や自律心が高まる可能性もありますし、後輩や仲間に教えることで説明する力がつく可能性もあります。

さらに、密に過ごした仲間との人間関係が深まるという側面もあるでしょう。課外活動の仲間たちが自分の「居場所」となり、何かあったら助け合える人間関係を築くことができるでしょう。一緒に活動する人たちとは一生の友だちになれるかもしれませんし、なれなくても、さまざまな考え方に出会うことは自分の世界を広げるためにとても大切です。

もちろん、自分にとっての楽しみを見出すという側面も重要です。自分が何をしたら楽しく、何をしたらリラックスできるのかを知ることは、長い人生を快適に過ごす上で役に立つでしょう。課外活動が西洋から日本に入ってきたとき、軍隊や教育と結びついたことにより、スポーツは心身を鍛えること、音楽は楽器の演奏技術に偏ってその価値を認識されてしまいましたが、本来は身体を動かすことを楽しみ音楽を楽しむ時間を持てるとよいと思います（永島、2000）。

ともあれ、学校に通っている間だけではなく卒業後にも使える資質の成長が促進されるという意味で、部活動には教育的な意義があると考えられます。部活動に参加する生徒は多いので、一般生徒に対する教育的な意義ということになります。教員への調査においても、知識・技術の獲得などよりも、人間形成や仲間づくりという教育的な意義が多く指摘されています（中澤、2014）。また、別の調査によれば、生徒に対する部活動の意義・効用として、「部活動は生徒の就職や進学の役に立つ」に8割を超える教員が賛同しており、「生徒の問題行動抑止に効果がある」への賛同は半分以下ですが、男性、若手で賛同者が多いことが分かっています（内田他、2018）。

❷　生涯学習・生涯教育とは

　生涯教育という言葉は今ではなじみのある言葉となりましたが、その関心は30年ほど遡ります。この言葉は、1965年にパリで開催されたユ

ネスコ成人教育推進委員会において、ラングラン（Lengrand, P.）により提唱されたものです。彼は、教育を、従来のように成人になるための準備として捉えるのではなく、人間の可能性を導き出す生涯を通じての活動として捉えようとしました。

その後、ユネスコ本部で1972年に開催された「生涯教育に関するシンポジウム」において生涯教育理念が提案されたのですが、その中で特に印象的なのは、教育を人生の一時期（児童期・青年期）に限定せず、全生涯にわたるものと捉え直し、さらに、教育は絶えざる自己発達の過程そのものであり成長の手段であると明示したことではないかと思います。生涯学習重視の流れを受け、1988年に文部省は社会教育局を「生涯学習局」（現総合教育政策局）に改名し、体育局もまたスポーツ課を「生涯スポーツ課」と「競技スポーツ課」に分けました。

生涯スポーツという言葉について、部活動について研究している中澤（2014）は、「時間的には就学期間に限らず一生涯にまで拡張したものであり、空間的には学校体育と社会体育という区分を統合したもの」（33頁）であると述べています。芸術・文化活動についても、同様のことがいえるでしょう。学校教育の枠を超えたスポーツ振興、学習振興が目指されているのです。

❸　生涯学習・生涯スポーツへの展望

総務省（2020）の調査「統計からみた我が国の高齢者：『敬老の日』にちなんで」によれば、日本の65歳以上の高齢者数は3,600万人を超え（2020年9月現在）、総人口に占める割合は28.7％であり、過去最高値を更新し続けています。65歳以上で仕事を続けている人も24.9％いますが（70歳以上では17.2％）、4人に3人は非正規雇用であり、いわゆる現役時代よりは余暇時間が多いと考えられます。平均寿命は男性81.4歳・女性87.5歳（厚生労働省、2020）と、退職後も15〜20年が残されていることになります。

このように社会の高齢化が進んでいるため、年を取っても健康で生きがいのある豊かな暮らしを送る重要性が語られています。働き方改革によって、壮年期においても余暇の重要度が上がっていることもあり、学校を卒業した後のスポーツや芸術・文化活動の必要性が指摘されるようになりました。

　そのため、家庭や地域社会の活力の維持・向上が重視されるようになっており、とりわけ、生涯スポーツの果たす役割に注目が集まっています。科学技術の進展により、人間関係が希薄化し、日常生活で身体を動かす機会は減少する一方で、精神的なストレスは増えていると考えられます。そのような中、身体的健康のみならず、精神的健康、人間形成、さらには人間関係の絆としての役割があるスポーツに注目が集まっているのです。一緒にスポーツを行うことにより、心身のストレス発散に加え、地位や身分から解放された関係性を持ったり、親睦と連帯感を深めたりすることができるからです。もちろん、これらの効用は、身体的健康の部分を除けば、多くは芸術・文化活動にも当てはまるでしょう。

　スポーツ庁の調査（2020）によれば、学生時代に運動部やスポーツクラブでの活動経験があると、ない人よりも、成人後（20〜79歳までを調査）の体力・運動調査の得点が高いことが示されています（図9-1）。これは、若い頃にスポーツ・運動経験がある人の方が大人になってからもスポーツ・運動を行うからのようです。実際に、別の調査によれば、中学校時代に運動部に所属していた人ほど、大人になってもスポーツ・運動を行っていることが示されています（スポーツ庁、2014）。定期的に身体を動かすことは生活習慣病を含むさまざまな病気の予防にもなります（ハガー・ハヅィザランティス著／湯川・泊・大石監訳、2007）。そのため、これらを総合すると、生涯にわたり高い体力水準・健康水準を維持するために青少年期に運動部で活動することが重要な役割を果たすと考えられます。

　それでは、文化部はどうでしょうか。

図9-1 学校時代の運動部活動の経験別体力テストの得点

①学校時代の運動部（クラブ）活動の経験別新体力テストの合計点（男子）

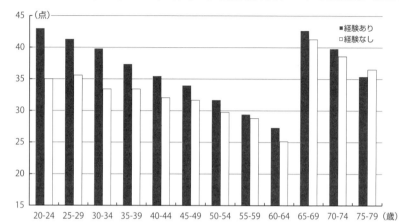

（注）1.「経験あり」は、中学・高校・大学のいずれかにおいて運動部（クラブ）活動
　　　　の経験がある群を示す。
　　　2. 合計点は、新体力テスト実施要項の「項目別得点表」による。
　　　3. 得点基準は、20〜64歳、65〜79歳で異なる。

②学校時代の運動部（クラブ）活動の経験別新体力テストの合計点（女子）

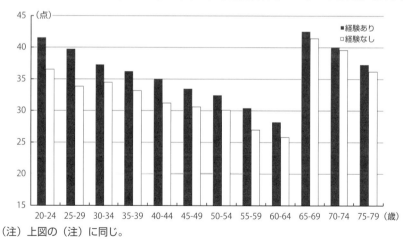

（注）上図の（注）に同じ。

出典：スポーツ庁「令和元年度体力・運動能力調査報告書」2020年

筆者の母は40歳を過ぎてから囲碁を始め、退職後は詩吟の会にも入り楽しんでいるようです。父も退職の少し前から囲碁を始め、サークルのようなものに入り、先生の宿題を毎週やったり対戦をしたりしていますし、また、無線を始めていろいろな人と楽しく通信をしています。義理の父は退職後の陶芸で湯呑や皿に加えて工夫を凝らした急須やコーヒーカップなど素敵な作品を作っていますし、別の親戚は、中年期以降ハイキングを始め、仲間と定期的に出かけているそうです。ハイキングとは呼んでいますが、朝から昼下がりまで歩くなかなかハードな一日を過ごしているようです。

　彼らの選んだ活動は学生時代の部活動にはあまり関係していませんが、何かに熱中した経験があることはベースにあるのではないかと思います。このようにそれぞれが興味のある活動を行って、生き生きとした余暇を過ごすためには、可能ならば若いうちから少しずつその世界に慣れていた方がよいでしょう。

2　学校と地域

　日本では、学校には部活動があるのが当たり前ですが、海外ではどうなっているのでしょうか。英語に部活動に相当する言葉はありませんが、**課外活動**（extracurricular school activity）ならあります。ただこれは、いわゆる授業に当たるもの以外の活動すべてを指す言葉であり、委員会や掃除や行事なども含まれます。

　実は、学校にスポーツや文化活動の集団があって、生徒の多くがそれに参加するという形態は、国際的にはあまり多くはありません。青少年のスポーツ実施状況を調べた中澤（2014）は、「日本のように運動部活動がこれほど大規模に成立している国は、他にない」（46頁）と断言し、日本の運動部活動の特殊性を論じています。彼の調査をもう少し詳しく

見ていきましょう。

1　世界の部活動

　中澤（2014）は、青少年がどこでスポーツを行っているかに関して34
カ国の調査を行い、**学校中心型**、**地域中心型**、**学校・地域両方型**に分類
しました。学校の運動部と地域クラブの両方が存在する学校・地域両方
型が、南北アメリカと欧州の大部分を占め、もっとも数が多くなってい
ました。これらの地域は学校運動部も存在していますが、地域クラブの
方が規模が大きく活動も活発です。地域のクラブには、地元のボランティ
アが運営するもの、行政主導で運営されるもの、宗教系団体の運営する
もの、営利目的の企業が運営するものがあります。次に、学校に部活動
はなく地域で活動する地域中心型が北欧やドイツなどで見られます。

　日本と同じ学校中心型に分類される国として、中国・韓国などが挙げ

表9-1 世界の青少年スポーツ

学校中心型	学校・地域両方型		地域中心型
日本	カナダ	ポーランド	ノルウェー
中国	アメリカ	ソ連（現ロシア）	スウェーデン
韓国	ブラジル	イスラエル	フィンランド
台湾	スコットランド	エジプト	デンマーク
フィリピン	イングランド	ナイジェリア	ドイツ
	オランダ	ケニア	スイス
	ベルギー	ボツワナ	ザイール(現コンゴ)
	フランス	マレーシア	イエメン
	スペイン	オーストラリア	タイ
	ポルトガル	ニュージーランド	

出典：中澤篤史『運動部活動の戦後と現在』青弓社、2014年、48頁

られていますが、中澤は、これらの国は地域社会のスポーツが未発達であるためこちらに分類されると述べています。中国や韓国では、部活動はすべての学校に配置されているわけではなく、ごく一部のエリートが参加するものであり、日本のように誰でも参加できるものではないのです。そのため、日本のように青少年のスポーツの中心が運動部活動にあり、かつ、それが大規模に成立していることは国際的に見て特殊なのだそうです。

② 日本の部活動の特殊性

　また、日本は部活動所属率の高さと活動頻度の多さに加え、多くの生徒が部活動の変更や掛け持ちをせず、3年間あるいは6年間、一つの部に所属し続けることを奨励しており、実際にそうしている生徒が多いところにも特徴があります。尾見（2019）はこれを**一途主義**と呼び、日本人の特徴の一つとして挙げています。後述しますが、アメリカではシーズン制をとっていることもあり、例えば冬はバスケットボール夏はアメリカンフットボールのように兼部することは普通ですし、1つのシーズンに2種類の種目をプレイする人もいます。また、年度ごとに部を移っ

たり退部したりします。

　これは、日本社会の中に存在する人間関係や所属集団の選択肢の少なさ、言い換えれば関係流動性の低さが関係しているのかもしれません（Yuki & Schug, 2012）。**関係流動性**の低い社会には、自分の集団に満足していれば、絆が強くなり、長く安定した関係を築けるという長所がある反面、自分の所属集団から排斥されないように常に気を配る必要があるため、それがストレスになってしまうという短所があります。また、部活動をやめたいと思っても、やめることで友だち関係が変わってしまうこと、他の部に入れてもらえず孤立してしまうことへの不安が否めません。

　部活動指導員としては、部に所属している生徒たちが主体的に意欲的に部活動に参加するためにはどうしたらよいかをまず考えると思います。けれども、そもそも部活動への意欲が湧かず、その部に合わないと感じている部員がいたら、その心身の健康のためにはむしろ部を離れた方がよいのかもしれません。もし皆さんが相談に乗る機会があれば、そのような選択肢も考えてみましょう。

3 アメリカの部活動

　学校・地域両方型の例として、アメリカの様子を紹介します（中澤、2017；藤後・大橋、2019；尾見、2019）。アメリカでは、中学校や高等学校に部活動は存在しますが、アメリカンフットボールやバスケットボールなど代表的な少数の部だけを持っている学校が珍しくありません。また、部によっては、入部するときに選抜（try out）があります。そのため、人気の競技の人気のチームに入りたい場合は、日本の受験生が予備校に通うように、地域のチームへの参加に加えて、家庭教師をつけて練習したり、大学運動部の場合は練習に参加させてもらえるように

アプローチしたりすることになります。実際に筆者らがカリフォルニア州を訪れた際、スポーツ家庭教師らしき人と練習している少女を見かけました。中澤（2017）はアメリカのシステムを「少数エリートの競技活動」と評しています。

　ただ、部活動によっては簡単に入れるものもあります。アメリカでの運動部加入率は日本の50（高等学校）〜70％（中学校）よりは少ないのですが、30〜50％くらいあるといわれています（中澤、2014）。

　部活動には基本的に学校施設を使用しますが、指導を教員が行うことはなく、ほとんどの場合外部コーチが行います。ただし、中澤（2017）がサンフランシスコ郊外で行った調査によれば、文化系の部活動のいくつか（ギター部、工作部、ハリー・ポッター部）については教員が担当していたそうです。これらの部の活動時間はあまり長くはなく、わずか1時間の活動でも手当が出ており、本業である教職とは別扱いをされていることが日本との違いです。

　そもそもアメリカの学校の部活動は技術を磨く場所ではありません。練習や個人の技術向上も含めて部活動である日本とは対照的に、アメリカの部活動は、プレイヤーを選抜し、既にその競技が上手な人たちが試合などをして力を試す場、あるいはプレイを楽しむ場とされています。そのため、よほどの強豪校でない限り、練習頻度はかなり少ない（週1、2回）のです。また、シーズン制を採用しているため、夏はタグラグビー、冬はバスケットボールのように掛け持ちする人も多くなっています。もちろん、地域スポーツとの掛け持ちも問題はありません。

　アメリカにおいて学校部活動が盛んになるのは、高等学校と大学です。中学校卒業までは、子どもたちは地域スポーツに参加するのが一般的です。地域スポーツのチームは、その目的によって、他の地域を含めて試合を多く行い技術向上に焦点を当てる競争的スポーツと、楽しみに焦点を当てるレクリエーション的スポーツの2つに分かれています。子どもたちはまずレクリエーション的スポーツを始め、適性と好みによって、

選抜を受けて競争的スポーツに移行することが一般的な流れとなっています。競争的スポーツであっても週末のどちらかの試合に加えて週2、3回2時間以内の練習が標準的なので、年間に複数のスポーツを経験して、自分の適性に応じて決めることができます。例えば、サンフランシスコを訪問した際に話を聴いた人は、息子（11歳）はサッカーを6歳、ラクロスを8歳で始め、その後始めたアメリカンフットボールをもっとも熱心にやっている、娘（9歳）は、サッカーとラクロスをやっていて、サッカーの方に重きを置きたいと考えていると言っていました。別の人の娘（12歳）は、5歳からテニスとゴルフ、4歳からバスケットボール、9歳からバレーボールと多彩なスポーツを経験しており、現在はバレーボールにもっとも時間を割いているとのことでした。

　なお、絵や音楽などの芸術活動についても地域にクラブがあります。こちらも週に1、2回活動があるので、興味に応じて参加することができます。ただ、学校の部活動として設置されていることは珍しいようです。

　種目（アメリカンフットボールなど）と地域によっては、高等学校や大学レベルになると学校部活動の方が強いこともあります。その場合、進学の際に選抜を受けて、部活動への参加を目指します。一方、高等学校以降も、種目によっては地域スポーツの方が盛んなので（あるいは学校にその種目の部活動がないので）、地域スポーツで活動するケースもあります。

　ところで、アメリカの祖国であるイギリスも、昔はアメリカと同じような学校部活動があったことが、『ハリー・ポッター』で主人公ハリーが寮対抗のクィディッチの試合に出る場面からうかがえます。けれども、教員の負担の大きさから部活動が縮小され、現在では部活動が盛んとはいい難い状況です。設置されている部の数は多様で、50%の生徒が何らかの部に加入していますが、活動が週1、2回と緩やかなケースが多く、「一般生徒のレクリエーション」（中澤、2014）という扱いとなっている

からです。

4 ドイツの部活動

　地域中心型の代表例はドイツです（中澤、2017）。西ヨーロッパでは、学校での部活動はほとんどなく、地域に根差したスポーツクラブに子どもから大人まで所属して活動することが一般的ですが、特に長いスポーツクラブの歴史を持つドイツの青少年スポーツ活動を見てみましょう。

　ドイツには、**フェライン**と呼ばれる地域クラブがあります。フェラインの歴史は古く（150 年以上）、人々の生活に溶け込んでいます。ドイツの小中学校は朝 8 時頃始業で基本的に午後 1 時には終了するため、子どもたちがいわゆる「部活」のようなことをしたい場合には、学校とは

全く別の場所に通います。青少年のフェライン加入率は高く、4〜17歳のうち加入経験がある者は75％に上るというデータがあります（藤井、2010）。ただ、他の国同様、加入率が高いのはドイツでいうところの小学生（6〜10歳）で、それ以降はやめていく傾向が見られます。また、アメリカ同様レクリエーション的なチームでの活動は週に1回程度、競技的なチームの活動は週3、4回が一般的だそうです（永島、2000）。

　筆者らはハイデルベルクの4つのフェラインを訪問しましたが（藤後・大橋、2019）、ドイツはスーパーも日曜日は休み、銀行や病院などは平日にも休みがあるなど、労働時間の制限が厳しく、フェラインはこの労働時間のゆとりを利用してボランティア主体でうまく機能していました。また、一つのフェラインで複数の種目ができるので、休日に家族でフェラインに赴き、それぞれ興味のある活動に参加するケースも見られました。活動頻度は週に1、2回が多く（週末の試合は除く）、学校とは関係なく参加しているため、多くの大人がスポーツを続けており、フェラインが社交の場として機能しているようです。

　ただ、フェラインの歴史が古いドイツでも、フェライン離れが起きています。この原因は3つ考えられます。まず、近年いわゆるフィットネスクラブが版図を広げており、ただ健康のために能率よく運動をしたい層がそちらに行ってしまうこと。これは社交などを含め家族ぐるみで休日を過ごすという価値観からの転換ともいえるでしょう。次に、伝統的な多種多様な種目が行える総合型地域スポーツクラブのようなフェラインではなく、特定の1、2種目を扱うスポーツクラブが増えてきていること。ハイデルベルクにも、サッカーとバルシューレ（Ballschule：ドイツで生まれた子ども向けのボールを使った運動指導プログラム。100を超えるミニプログラムを組み合わせて、主に幼児から小学校低学年に実施されます）、クライミングに特化したクラブがそれぞれありました。それぞれ全人教育だったり大学と連携しての教育だったりと特徴があり、シェアが伸びているようでした。最後に、子どもたちが自発的に参

加することができる終日制学校が設置され始めていること。終日制学校というのは、授業の後、つまり午後学校に残ってスポーツや芸術などの余暇活動、補習などの教育活動を行うというもので、中でもスポーツはフェラインとも連携してかなり多くの学校で取り入れられています。

5 フィンランドの部活動

　フィンランドは、公立の学校が主流で、私立学校は約1％のみです。フィンランドでは、学校の部活動はありません。中学生・高校生は15時頃には下校し、教員も子どもとほぼ同じ頃に帰宅します。教員は課外活動としての部活動は担当していません。子どもたちの多くは、地域でスポーツや芸術活動を行っています。フィンランドの生涯スポーツ率は、何度も世界一になっているほどスポーツが盛んです。また、芸術活動においても早期からの教育の重要性を国が認識しており、地域には芸術文化センターがあり、学校と連携で芸術活動を行っています。

　芸術やスポーツの地域における主な担い手は、図書館やユースセンター、コミュニティスポーツセンター、地域のスポーツ少年団などです。これらの場所で行われている活動への参加費の多くは無料ですので、子どもたちは気軽に参加することができます。筆者たちはフィンランドの課外活動の様子を視察し論文としてまとめました（藤後・大橋、2020）。筆者たちが視察に行った中学校・高等学校の一貫校では、スポーツへの参加案内のポスターが学内に貼られており、放課後は学校の体育館を使って地域の指導者が子どもたちにスポーツを教えていました。筆者たちは課外活動として行われているスポーツの様子を3カ所見に行きました。

　1つ目は新体操のレッスンでした。新体操のクラスでは、20人ぐらいの小中学生と指導者が2人いました。なんとその2人の指導者は高校

生でした。どのようなきっかけで指導をしているのか聞いたところ、小さい頃からこの教室に通っていて、自分たちも高校生から教えてもらったので、同じように子どもたちに指導をしているとのことでした。彼女たちは口をそろえて「子どもたちに教えるのは楽しいから！」と話してくれました。2つ目のスポーツ活動の場所は、小学生を対象としたボール運動教室でした。ここは行政主催で、専門の体育指導員が子どもたちに楽しむことを重視した運動遊びを教えていました。自由な雰囲気の中で、子どもたちが運動遊びを教えてもらっていました。3つ目は、中学生・高校生を対象とした、野球に類似したペサパッロという競技のチームで、このチームはかなり本格的で競技志向の強いチームでした。専門の指導者が手際よく指導をしていました。練習はきびきびしていますが、子どもたちの表情はとても明るかったのが印象的でした。

　スポーツの指導者や保護者と話す機会があったので、「学校間での大会などはないのですか？」と聞くと、「運動大会などはあります。その際も生徒自身で『チームを作ります！』と呼びかけ、興味のある人が集まって練習します」と教えてくれました。一つの例ではありますが、フィンランドでは子どもの「Well-Being」と「主体性重視」が徹底されていると感じました。

6 中国の部活動

　次は、私たちの住むアジアについて見ていきましょう。まずは、中国です。中澤（2014）の調査では学校中心型に分類された中国ですが、日本の学校のような部活動はほとんどありません。中学校や高等学校に部活動が設置されているケースはありますが、いわゆるスポーツエリート向けのもので、このくらいの年齢層で真剣に運動部に打ち込む生徒はプロを目指すごく一部だけです。

小学校くらいまでは、学校外に文化部や運動部のようなクラブがあり、主に地域ボランティアが指導しています。小学校高学年では半数近くが何かをしている状況になりますが（地域にもよります）、一般に活動頻度はあまり高くはなく、学校の勉強が忙しくなるに従い、参加者は減っていくそうです。

　2000年以降中国では大学進学率が上がっており、受験が強く意識されるようになっています。そのため、ごく一部のスポーツで一流を目指す人以外は、中学生・高校生になるとクラブをやめる生徒が多いそうです。

　なお、台湾においても状況は類似しており、中学校や高等学校において運動部や文化部のような活動を学校で放課後行うことはまれで、放課後は「補習班」と呼ばれる塾に夜遅くまで通うのが一般的です。ただし、レクリエーション的な活動が昼休みに行われるケースはあるようです。

7 フィリピンの部活動

　最後に、日本と同じ学校中心型のフィリピンの部活動の様子について紹介しましょう。フィリピンの教育制度は、6年間の初等教育、6年間の中等教育となっています。授業は、基本的に英語で行われており、一部の教科（国語・社会・体育・音楽など）は、母国語で行われているようです。多くの子どもたちは公立の学校に通いますが、裕福な層は私立学校に通います。

　フィリピンでは、女子はダンス、男子はバスケットボールが盛んです。公立小学校に通う子どもたちは学校が終わると家の近所や公園、野外体育館や道端にあるバスケットゴールで、ストリートバスケットなどを行って楽しんでいます。一方、私立小学校では、学校で民間のコーチによる有料のサッカー、バレーボール、バスケットボールのレッスンな

どがなされています。筆者がフィリピンのバコロド島の私立学校（小学校から大学までの一貫校）に見学に行ったときのことです（藤後・大橋、2019）。平日の放課後はユニホームを着た小学生たちが、サッカーやバスケットボール、バレーボールなどを行っていました。そこには保護者の姿もあり、「送迎も大変だし、お金もかかる」と話してくれました。中学生・高校生は、クラブ活動がありました。通常授業が早く終わる日（週１、２回）に課外活動を行っているようです。ある男子はボーイスカウト、ある女子は合唱団に入ってクラブ活動を楽しんでいました。

　この高等学校はバスケットボールチームの強豪校で、入学前にコーチからスカウトされた選手と、入学後のチームセレクションに合格した選手のみがチームに入部できます。有力な選手は、奨学金をもらうことができ、インタビューを行った大学生は、「奨学金は競技の成績により毎年審査が入るので、みんな必死なんだ」と答えてくれました。

　女子のスポーツとしてはバレーボールの人気が高いようですが、男子のバスケットボールほど盛んではないようです。男女ともに人気の活動は、ダンスです。バコロド島の高等学校の文化祭に参加させてもらったところ、体育館は満員状態で生徒たちのダンスパフォーマンスで盛り上がっていました。数名のパフォーマーが順番に中央の輪の中に入ってダンスを披露し、体育館を埋め尽くす中学生・高校生が手をたたきながらそのパフォーマンスを応援していました。そして、体育館では招待した高等学校とのバスケットボールの試合が開催されており、満員の会場の中、子どもから大人まで大きな声で応援していました。

　このようにフィリピンでは中学校以降は学校の部活動が中心となりますが、強豪の高等学校では（特にバスケットボール部では）セレクションがあるので特定の人しか入部できません。しかし、バスケットボールもダンスも部活動以外の活動として村の中の「行事」の存在が大きいのです。ダンスはフィリピンの文化として大事にされ、日常や村の行事の中に浸透しているようです。また、村ではスポーツフェスティバルが開

催され、バスケットボールの試合とダンスフェスティバルが頻繁に繰り広げられています。ダンスは、若者から高齢者まで生涯の楽しみとして行っています。バスケットボールは、若者や村の大人たちが大会の1〜2か月前になると友だちや知り合いとチームを作り村の大会にエントリーします。大会は約一週間、夜まで行われ盛り上がるそうです。大会で活躍すると、村の中でヒーローとなり「大変もてるよ」と教えてくれました。あるフィリピン成人の「バスケットボールは一生続ける。できなくなったら、観戦して楽しむ。そもそもみんなやっているし、大人になってもできるしやめる理由なんかない」という言葉が印象的でした。生涯学習や生涯スポーツという視点からも有意義な活動のようです。

8 部活動のこれから

　私たち日本人は、学校の**課外活動**というと部活動を一番に思い浮かべることでしょう。実際に多くの子どもたちが、スポーツ系や文科系の部活動を楽しんでいます。日本の部活動は、生徒指導の側面も有しながら、安価で、子どもたちにとって身近な場所で好きなことに集中できる環境だともいえます。

　本章では、世界の部活動として、5カ国を取り上げてその様相を概観しました。世界に目を向けることで、今まで当たり前だと思っていた日本の部活動の特殊性も見えてきました。2016年にNHKの番組「COOL JAPAN：発掘！かっこいいニッポン」で、日本の「部活」がテーマに取り上げられていました。部活動の数の多さ、朝練、放課後練などの充実した内容に外国の人は驚いており、大半はこの部活動の熱気に「いいね」と言いながらも、指導者の負担や、生徒たちにとっての拘束感に疑問を投げかけるコメントもありました。

　世界を見渡すと、課外活動としてのスポーツや芸術は学校のみではな

く、**社会教育**として地域が担っている部分も多いものです。そして社会教育であるからこそ、生涯学習へと継続しやすくなります。日本の部活動は教育的な側面が強く、部活動を通した人間的な成長を期待しています。この特徴を生かしながらも、今後は地域に開かれていく部活動が求められているのかもしれません。その役割を担うのが部活動指導員の皆さんです。

コラム⑨　　フランス人トレーナーから見た日本の「部活」

　筆者は日本でフィジカル・トレーナー（ストレングス＆コンディショニング）として15年間活動しており、そして部活動（野球、柔道、陸上、卓球等）でのトレーニング指導歴は約10年になります。フランスにはいわゆる「部活」がないので、フランス人の筆者から見ると、不可解なことがたくさんありました。

　さて、フランスでは幼少期から、「あなたはどうしたいのか」ということを常に聞かれます。だから自分の考えを伝えること、そして相手の考えもきちんと聞くことは当たり前です。そのため、自分の息子が日本の小学校に入ったとき、そしてスポーツクラブに入ったとき、学校の教員やクラブの指導者の言うことに対して、「No」と言えない環境にあることに大変なショックを受けました。つい最近も新聞で部活動の体罰の記事を見ましたが、驚きと共に怒りも感じました。フランスでは子どもへの体罰は大きな問題となります。日本の部活動にフィジカル・トレーナーとして関わるようになると、さらに驚きは続きました。体罰とまではいかなくとも体の不調を訴える生徒に対し「病院に行かないように」と言う指導者がいたり、けががあっても「大丈夫です！」と無理をする生徒がいたり。そこでジムでは、最初に、「お互いにコミュニケーションを取った方がうまくいく。何か嫌なことを感じるのなら我慢しないではっきり言

ってほしい」と伝えています。

　とはいえ、日本の教育に慣れた生徒たちには、かなり難しいようです。そこで、必ず毎回、少しでも会話をするようにしました。「今日の調子はどう？」と尋ねたり、体の調子が悪そうなら無理をさせないように、別のトレーニングメニューを作るなどの配慮をします。そして「自分の不調をちゃんと言葉で伝えるように」と言っています。

　筆者のジムでの指導法は特別なものではなく、アスリートのパフォーマンスを向上させるための科学的根拠に基づいたトレーニングで、アメリカやロシアでも実践されているものであり、数々のトップアスリートが輩出されています（Cross et al., 2018）。しかしトレーニングは多様であり、方法は唯一というわけではありません。アスリートの性格や体調に合わせる方が、パフォーマンスが向上します。また、ジムでは、部活動やグループのトレーニングの際は、生徒たちがリラックスするように、好きな音楽をかけてもらいます。トレーニング方法を伝え、ある程度プログラムに慣れてきたところで、少し距離を置いて自由にやらせます。危険が伴わないようなら、多少の自由度を設けた方が自分なりの性格を出せて、トレーニングを楽しいと思い、力を発揮できます。トレーニングの休憩中には、音楽に合わせて歌いだす子もいます。ジムでは、生徒たちがリラックスして、笑顔で、お互いに良い刺激を受けることで、パフォーマンスが上がるということを体感してきました。考え方はいろいろあるかもしれませんが、各選手が自分らしくいられることで、パフォーマンスが上がり、より自信につながり、それが良い結果をもたらすと考えています（Bartholomew, 2017 参照）。

　さまざまな生徒がいますが、中にはコミュニケーションに特性のある子もいます。最初は目を合わせることや会話さえ難しい時期もありました。しかし徐々に雪が解けて、グループセッションで他の

生徒とも会話が弾むようになり、それがトレーニングの上達にもつながり、今では県を代表するような素晴らしいアスリートとして活躍しています。

　子どもたちにはさまざまな可能性があり、「やる気」になった子どもたちの伸びしろは計り知れないことも経験してきました。トレーニングを通じて、少しでも子どもたちの人生に良い効果がもたらされるよう尽力しています。

復習問題

● 次のA〜Dの文章を読み、本文の内容と一致していれば○、一致していなければ × をつけましょう。

A 部活動のもっとも大きな意義は、知識や技術の獲得にある。

B どの国にもだいたい中学校や高等学校には部活動があるものだ。

C 日本の部活動の活動時間は、他の国の部活動あるいは地域のクラブ活動と比べて長い。

D 世界の青少年の課外活動は、地域中心、学校・地域両方、学校中心の3種類に分けられる。

復習問題の解答
●●●●●●●●●●●●●●●●●●●●●●●●●●●●●●●●●●●●●●●

第1章
❶ A○　B×　C×　D×　E○　F○
❷ A×　B○　C○　D×

第2章
❶ A○　B×　C×　D○　E×

第3章
❶ 42 ～ 43 頁を参照
❷ B・D
❸ すべて

第4章
❶ A×　B×　C×　D×　E×　F×　G×　H×
❷ （例）「話しにくいことを相談してくれてどうもありがとう。たしか
　　に、あのときのミスはA君らしくなかったし、僕もとても残念に思
　　ったよ。あの大会で優勝するためにA君が必死の思いで練習してい
　　るところを僕もそばでずっと見てきているから、その気持ちはよく
　　分かるよ。本当に勝ちたかったし、もっともっと活躍したかったん
　　だよね。落ち込んで自信をなくしてしまうのも無理はないと思う。
　　あんなに必死で練習してきたんだから、疲れがたまっているのかも
　　しれないね。とりあえず少しの間練習は休んで、その代わり、次の
　　大会ではミスをせず、A君が大活躍できるようになれる練習方法を
　　一緒に考えてみようか。」

第5章

❶ 骨の強度が脆弱、筋肉の柔軟性が低下、身体感覚のズレ

❷ 主要な原因…利用可能エネルギーの不足（痩せ、低すぎる体脂肪率）
健康トラブル…疲労骨折、若年性の骨粗鬆症、不妊

❸ 一次予防…Ａ・Ｃ　二次予防…Ｄ・Ｅ　三次予防…Ｂ・Ｆ

❹ Ａ×　Ｂ○　Ｃ×　Ｄ×　Ｅ○

第6章

❶ （例）合理的配慮は、社会的な障壁を取り除き、誰もが平等に教育
を受けたり、余暇活動に参加したりできるように配慮することであ
り、障害者権利条約に示される人権を保障するために必要な考え方
である。インクルーシブ教育が推進される今日においては、すべて
の児童生徒が部活動に参加できるよう配慮が求められることから、
部活動指導員として合理的配慮の必要性を理解し、具体的な方法に
ついて知識とスキルを獲得することが重要である。

❷ 個人の特徴への配慮…（例）苦手さがある動き、得意な動きを事前
に把握する。できたことをそのつど必ず本人と確認して賞賛する。
課題への配慮…（例１）ドリブルやシュートの練習を段階的に分け
て実施する（ボールに慣れる→ボールが止まっている状態から蹴る
→立っているところに来たボールを止める→止めてから蹴る→左右
に来たボールを止める→止めてから蹴る　など）。
（例２）用具（大きなボールを使うなど）やルール（全員ボールに
タッチする、ディフェンスがボールをとれないゾーンを作るなど）
を変えたレクリエーション的なゲームを練習に取り入れる。
環境への配慮…（例）「勝つことだけ」が目的ではないことを部の
理念としたり、ピアティーチングを用いて、生徒同士で教えあった
り、支援する機会をつくる。

❸ Ａ○　Ｂ×　Ｃ×　Ｄ×

第7章

❶ 127 頁を参照

❷ A○　B×　C×　D○

❸ 136 頁を参照

第8章

❶ A×　B○　C○　D×

❷ 140 〜 143 頁を参照

❸ 154 〜 156 頁を参照

第9章

❶ A×　B×　C○　D○

引用文献

全章
■スポーツ庁「運動部活動の在り方に関する総合的なガイドライン」2018 年
■藤後悦子・井梅由美子・大橋恵編著『スポーツで生き生き子育て＆親育ち』福村出版　2019 年
■文化庁「文化部活動の在り方に関する総合的なガイドライン」2018 年

第1章
■小谷克彦・中込四郎「運動部活動における指導者の葛藤対処に伴う内的体験」『スポーツ心理学研究』39 巻 1 号　pp. 15 - 29　2012 年
■下竹亮志「規律訓練装置としての運動部活動における『生徒の自由』を再考する：A 高校陸上競技部を事例にして」『体育学研究』60 巻 1 号　pp. 223 - 238　2015 年
■下竹亮志「運動部活動における『指導者言説』の歴史社会学的序説：教育的技法としての『規律』と『自主性』に着目して」『スポーツ社会学研究』27 巻 1 号　pp. 59 - 73　2019 年
■津村俊充・山口真人編『人間関係トレーニング：私を育てる教育への人間学的アプローチ』ナカニシヤ出版　1992 年
■外山美樹・湯立「大学運動部活動における部員の自律的動機づけが部活動への適応感に及ぼす影響：主将のリーダーシップを調整変数として」『教育心理学研究』67 巻 3 号　pp. 175 - 189　2019 年
■中島義明他編『心理学辞典』有斐閣　1999 年
■中原淳監修　高橋俊之・館野泰一編著『リーダーシップ教育のフロンティア［研究編］：高校生・大学生・社会人を成長させる「全員発揮のリーダーシップ」』北大路書房　2018 年 a
■中原淳監修　高橋俊之・館野泰一編著『リーダーシップ教育のフロンティア［実践編］：高校生・大学生・社会人を成長させる「全員発揮のリーダーシップ」』北大路書房　2018 年 b
■ハガー, M., ハツィザランティス, N. 著　湯川進太郎・泊真児・大石千歳監訳『スポーツ社会心理学：エクササイズとスポーツへの社会心理学的アプローチ』北大路書房　2007 年
■ホッグ, M. A. 著　廣田君美・藤澤等監訳『集団凝集性の社会心理学』北大路書房　1994 年
■三隅二不二『リーダーシップ行動の科学』有斐閣　1978 年
■溝上慎一『アクティブラーニングと教授学習パラダイムの転換』東信堂　2014 年
■光浪睦美「達成動機と目標志向性が学習行動に及ぼす影響：認知的方略の違いに着目して」『教育心理学研究』58 巻 3 号　pp. 348 - 360　2010 年
■吉村斉「部活動への適応感に対する部員の対人行動と主将のリーダーシップの関係」『教育心理学研究』53 巻 2 号　pp. 151 - 161　2005 年 a
■吉村斉「運動系部活動における利己的表現と主将のリーダーシップの関係」『心理学研究』75 巻 6 号　pp. 536 - 541　2005 年 b
■吉村斉「部活動への適応感と競技特性の関係：運動部員の対人スキルと主将のリーダーシップに注目して」『青年心理学研究』22 巻　pp. 45 - 56　2010 年
■Deci, E. L., Koestner, R., & Ryan, R. M., "A meta-analytic review of experiments examining the effects of extrinsic rewards on intrinsic motivation", *Psychological Bulletin*, vol. 125(6), pp. 627 - 668, 1999.
■Dweck, C. S., "Motivational processes affecting learning", *American Psychologist*, vol. 41(10), pp. 1040 - 1048, 1986.
■Papaioannou, A., "Development of a questionnaire to measure achievement orientations in

physical education", *Research Quarterly for Exercise and Sport*, vol. 65(1), pp. 11 - 20, 1994.

第2章
■荒井弘和編著『アスリートのメンタルは強いのか？：スポーツ心理学の最先端から考える』晶文社　2020 年
■荒木雅信編著『これから学ぶスポーツ心理学（改訂版）』大修館書店　2018 年
■栗林千聡・中村菜々子・佐藤寛「ジュニア選手の競技不安は DSM における不安障害の概念によって説明できるか」『関西学院大学心理科学研究』44 巻　pp. 1 - 7　2018 年
■高妻容一『新版 今すぐ使えるメンタルトレーニング［選手用］』ベースボール・マガジン社　2014 年
■徳永幹雄編『教養としてのスポーツ心理学』大修館書店　2005 年
■友添秀則編著『運動部活動の理論と実践』大修館書店　2016 年
■日本スポーツ心理学会編『スポーツメンタルトレーニング教本（三訂版）』大修館書店　2016 年
■日本スポーツ心理学会資格委員会「スポーツメンタルトレーニング指導士 資格申請・更新の手引き（2021 年 7 月以降版）」2021 年
■羽生結弦『夢を生きる』中央公論新社　2018 年
■平野裕一・土屋裕睦・荒井弘和共編『グッドコーチになるためのココロエ』培風館　2019 年
■文部科学省「高等学校学習指導要領（平成 30 年告示）」2018 年
■文部科学省「中学校学習指導要領（平成 29 年告示）」2017 年
■山田快「チームの一体感は競技意欲の予測因となり得るか？」『コーチング学研究』33 巻 2 号　pp. 207 - 217　2020 年

第3章
■エリクソン , E. H. 著　西平直・中島由恵訳『アイデンティティとライフサイクル』誠信書房　2011 年
■おおたとしまさ『ルポ教育虐待：毒親と追いつめられる子どもたち』ディスカヴァー・トゥエンティワン　2019 年
■木村治生「部活動について考えるデータ」『ベネッセ教育総合研究所 データで考える子どもの世界 第 1 回』2018 年
　（https://berd.benesse.jp/up_images/textarea/datachild/01%E9%83%A8%E6%B4%BB/0905%E9%83%A8%E6%B4%BB%E5%8B%95%E3%81%AB%E3%81%A4%E3%81%84%E3%81%A6%E8%80%83%E3%81%88%E3%82%8B%E3%83%87%E3%83%BC%E3%82%BF.pdf 2022 年 2 月 11 日アクセス）
■坂坂康雅・池田幸恭・三好昭子編著『レクチャー 青年心理学：学んでほしい・教えてほしい青年心理学の 15 のテーマ』風間書房　2017 年
■小西貞之・大道乃里江・小山健嵐「いじめの早期発見・早期対応に関する研究：中学生の学校生活アンケートを中心に」『学校危機とメンタルケア』3 巻　pp. 33 - 43　2011 年
■島沢優子『部活があぶない』講談社現代新書　2017 年
■清水寛子「中学生の『居場所のなさ』に関する研究」『佛教大学大学院紀要 教育学研究科篇』40 巻　pp. 71 - 88　2012 年
■鈴木翔『教室内（スクール）カースト』光文社新書　2012 年
■藤後悦子・井梅由美子・大橋恵「スポーツにおけるポジティブ体験・ネガティブ体験とスポーツ・ハラスメント容認志向」『東京未来大学研究紀要』8 巻　pp. 93 - 103　2015 年
■藤後悦子・井梅由美子・大橋恵「チームのネガティブな人的環境が小学生のスポーツモチベーションに与える影響」『モチベーション研究』6 号　pp. 17 - 28　2017 年

■藤後悦子・井梅由美子・大橋恵「バスケットボールをプレーする子どもたちの指導者、親、チームの親集団（応援席）への期待：持続可能な開発（SDGs）と『子どもの権利とスポーツの原則』を実現するため」『モチベーション研究：モチベーション研究所報告書』9巻　pp. 23-34　2020年
■永井洋一『少年スポーツ ダメな指導者 バカな親』合同出版　2007年
■長谷川祐介「高校部活動における問題行動の規定要因に関する分析の試み：指導者の暴力、部員同士の暴力・いじめに着目して」『大分大学教育福祉科学部研究紀要』35巻2号　pp. 153-163　2013年
■文部科学省「令和元年度 児童生徒の問題行動・不登校等生徒指導上の諸課題に関する調査結果について」2020年
■文部科学省 不登校生徒に関する追跡調査研究会「不登校に関する実態調査：平成18年度不登校生徒に関する追跡調査報告書」2014年
■Hurrell Jr., J. J., & McLaney, M. A., "Exposure to job stress: a new psychometric instrument", *Scandinavian Journal of Work, Environment and Health*, vol.14, pp. 27-28, 1988.

第4章
■ヴァン・デア・コーク，B. 著　柴田裕之訳『身体はトラウマを記録する：脳・心・体のつながりと回復のための手法』紀伊國屋書店　2016年

第5章
■一般社団法人 日本整形外科スポーツ医学会「スポーツ損傷シリーズ 8. 疲労骨折」(http://www.jossm.or.jp/series/index.html 2022年2月11日アクセス)
■井手久満・堀江重郎「思春期男子における男性ホルモンの推移と行動活性」『思春期学』29巻1号　pp. 45-48　2011年
■京都府立医科大学大学院女性生涯医科学（産婦人科）『アスリートのための月経困難症対策マニュアル：低用量ピルの上手な使い方』2018年
■公益財団法人 日本体育協会（現日本スポーツ協会）・樋口満監修『小・中学生のスポーツ栄養ガイド』女子栄養大学出版部　2010年
■公益社団法人 日本産科婦人科学会・公益社団法人 日本産婦人科医会「産婦人科診療ガイドライン：婦人科外来編2020」2020年
■厚生労働省「日本人の食事摂取基準（2020年版）」2019年
■古賀英之他編『予防に導くスポーツ整形外科』文光堂　2019年
■順天堂大学女性スポーツ研究センター「スラリちゃん、Height！ パンフレット」(https://www.juntendo.ac.jp/athletes/research-products/surari/index_1.html 2022年2月11日アクセス)
■須永美歌子『女性アスリートの教科書 部活女子からトップ選手まで 必ず伸びる、強くなる 指導者・保護者が知っておきたい40のこと』主婦の友社　2018年
■農林水産省「食育に関する意識調査報告書」2017年
■村木美紀・難波秀行・湊久美子「小学生から大学生の運動習慣・身体活動による食生活の差異」『日本健康体力栄養学雑誌』23巻1号　pp. 16-25　2018年
■文部科学省「睡眠を中心とした生活習慣と子供の自立等との関連性に関する調査の結果」2015年
■柳沢香絵・岡村浩嗣編著『親子で学ぶスポーツ栄養』八千代出版　2013年
■Bergeron, M. F. et al, "International Olympic Committee consensus statement on youth athletic development", *British Journal of Sports Medicine*, vol. 49(13), pp. 843-851, 2015.

■Ługowska, K., & Kolanowski, W., "The nutritional behavior of pregnant women attending antenatal classes and non-attendees", *British Food Journal*, vol. 122(4), pp. 1268 - 1288, 2020.

■Maras, A. et al, "Association of testosterone and dihydrotestosterone with externalizing behavior in adolescent boys and girls", *Psychoneuroendocrinology*, vol. 28(7), pp. 932 - 940, 2003.

■Mindell, J. A. et al., "Cross-cultural differences in infant and toddler sleep", *Sleep Medicine*, vol. 11(3), pp. 274 - 280, 2010.

第6章

■鴨下賢一編著『教師が活用できる 親も知っておきたい 発達が気になる子の学校生活における合理的配慮』中央法規出版 2020年

■齊藤まゆみ編著『教養としてのアダプテッド体育・スポーツ学』大修館書店 2018年

■独立行政法人 日本学生支援機構「合理的配慮ハンドブック：障害のある学生を支援する教職員のために」2018年

■日本精神神経学会監修『DSM-5 精神疾患の診断・統計マニュアル』医学書院 2014年

■宮原資英『発達性協調運動障害：親と専門家のためのガイド』スペクトラム出版社 2017年

■文部科学省「障害者活躍推進プラン⑤ 障害のある人のスポーツ活動を支援する：障害者のスポーツ活動推進プラン」2019年

（https://www.mext.go.jp/content/1413125_5.pdf 2022年2月11日アクセス）

■文部科学省「通常の学級に在籍する発達障害の可能性のある特別な教育的支援を必要とする児童生徒に関する調査結果について」2012年

■Davis, W., & Broadhead, G., *Ecological Task Analysis and Movement*, HUMAN KINETICS, 2007.

第7章

■一般社団法人 日本蘇生協議会監修『JRC 蘇生ガイドライン 2020』医学書院 2021年

■環境省「熱中症環境保健マニュアル 2018」2018年

■公益財団法人 日本スポーツ協会「スポーツ活動中の熱中症予防ガイドブック（第5版）」2019年

■興水健治『令和版 基礎から学ぶ！スポーツ救急医学』ベースボール・マガジン社 2020年

■2019年度スポーツ庁委託事業 学校における体育活動での事故防止対策推進事業「『体育活動中における球技での事故の傾向及び事故防止対策』調査研究報告書」独立行政法人 日本スポーツ振興センター学校安全部 2020年

■文部科学省「学校防災マニュアル（地震・津波災害）作成の手引き」2012年

第8章

■安藤美華代「学校運動部活動指導者の心理的負担感と対処に関する検討」『岡山大学教師教育開発センター紀要』8号 pp. 45 - 57 2018年

■安藤美華代『心理職をめざす大学院生・大学生向けワークブック セルフケア力を身につけこころの健康を育む心理教育"サクセスフル・セルフ"の実践と展開』岡山大学出版会 2020年

■カバットジン, J. 著 春木豊訳『マインドフルネスストレス低減法』北大路書房 2007年

■仕事と生活の調和推進官民トップ会議策定「仕事と生活の調和推進のための行動指針」2007年

■スポーツ庁「平成29年度運動部活動等に関する実態調査報告書」2018年

■東京大学医学部心療内科 TEG 研究会編『新版 TEG2 解説とエゴグラム・パターン』金子書房 2006年

■西村宣幸『コミュニケーションスキルが身につくレクチャー＆ワークシート』学事出版　2008年
■文部科学省「運動部活動での指導のガイドライン」2013年
■Novaco, R. W., *Anger control: the development and evaluation of an experimental treatment*, Lexington, MA: D. C. Health, 1975

第9章
■内田良他『調査報告 学校の部活動と働き方改革：教師の意識と実態から考える』岩波ブックレット　2018年
■藤後悦子・大橋恵「フィリピンの地方都市における子どもたちのスポーツ環境：バスケットボールとの関わり方を通して」『未来の保育と教育：東京未来大学保育・教職センター紀要』6号　pp. 89 - 99　2019年
■藤後悦子・大橋恵「フィンランドにおけるジュニア期のスポーツに関する一考察：特別支援ニーズ児を含めた日芬比較」『早期発達支援研究』3巻　pp. 41 - 52　2020年
■尾見康博『日本の部活（BUKATSU）：文化と心理・行動を読み解く』ちとせプレス　2019年
■厚生労働省「令和元年簡易生命表の概況」2020年
■スポーツ庁「平成24年度体力・運動能力調査結果の概要及び報告書について」2014年
■スポーツ庁「令和元年度体力・運動能力調査報告書」2020年
■総務省「統計からみた我が国の高齢者：『敬老の日』にちなんで」2020年
■中澤篤史『運動部活動の戦後と現在：なぜスポーツは学校教育に結び付けられるのか』青弓社　2014年
■中澤篤史『そろそろ、部活のこれからを話しませんか』大月書店　2017年
■永島惇正編著『生涯学習社会のスポーツ指導3 地域スポーツの指導』北樹出版　2000年
■ハガー , M., ハツィザランティス , N. 著　湯川進太郎・泊真児・大石千歳監訳『スポーツ社会心理学：エクササイズとスポーツへの社会心理学的アプローチ』北大路書房　2007年
■藤井雅人「学校と地域スポーツクラブの両者で青少年の問題状況に立ち向かうドイツ」『スポーツ教育学研究』29巻2号　pp. 67 - 71　2010年
■Bartholomew, B., *Conscious Coaching: The Art and Science of Building Buy-In*, Omaha: Create Space Independent Publishing Platform, 2017.
■Cross, M. R. et al., "Training at maximal power in resisted sprinting: optimal load determination methodology and pilot results in team sport athletes", *PLOS ONE*, 13(4): e0195477, 2018.
■Yuki, M., & Schug, J., "Relational mobility: A socioecological approach to personal relationships", In O. Gillath, G. Adams, & A. Kunkel(Eds.), *Decade of Behavior 2000-2010. Relationship Science: Integrating Evolutionary, Neuroscience, and Sociocultural Approaches*, American Psychological Association, pp. 137 - 151, 2012.

索　引

著者紹介 （所属：分担／執筆順、＊は編著者）

＊大橋　　恵（編著者紹介参照：第1章1〜4、第9章1〜5）
　おおはし　めぐみ

　福沢　　愛（東京大学未来ビジョン研究センター・日本学術振興会特別研究員：
　ふくざわ　あい　　第1章5〜6、コラム①）

　荒井　弘和（法政大学文学部教授：第2章・コラム②筆頭著者）
　あら　い　ひろかず

　山田　　快（法政大学経済学部准教授：第2章・コラム②共著者）
　やま　だ　かい

＊藤後　悦子（編著者紹介参照：第3章、第9章6〜8）
　とうご　えつこ

　山本　耕太（東京都新宿区教育相談室教育研究相談員：コラム③）
　やまもと　こうた

　田所　重紀（札幌医科大学医学部准教授：第4章）
　た どころ　しげのり

　渡辺　葉月（東京未来大学学生相談室相談員：コラム④）
　わたなべ　は づき

　上村　　明（和洋女子大学人文学部准教授：第5章1〜4）
　かみむら　あかり

　黒坂　裕香（順天堂大学スポーツ健康科学部助手：第5章5〜7）
　くろさか　ゆ か

　吉岡　尚美（東海大学体育学部教授：第6章）
　よしおか　なお み

　郭　　潔蓉（東京未来大学モチベーション行動科学部教授：コラム⑤）
　カク　イ ヨ

　真家　英俊（東京未来大学こども心理学部准教授：第7章）
　ま いえ　ひでとし

　京面　久孝（京面法律事務所弁護士：コラム⑥）
　きょうめん　ひさたか

＊井梅由美子（編著者紹介参照：第8章1〜3）
　い うめ　ゆ み こ

　平山　敦子（品川心理オフィス代表：第8章4〜5）
　ひらやま　あつ こ

安藤　美華代（岡山大学学術研究院社会文化科学学域教授：コラム⑦）

鈴木　亮太（東京未来大学こども心理学部特任教授：コラム⑧）

アンプ　ニコラ（Nicolas AMP）

　　（ニコ道場〈パーソナルトレーニングジム〉代表：コラム⑨筆頭著者）

宮地　歌織（佐賀大学教育学部客員研究員：コラム⑨共著者）

編著者紹介

藤後　悦子（とうご・えつこ）

筑波大学大学院教育研究科修了、東京学芸大学大学院連合学校教育学研究科単位
修得満期退学、筑波大学博士（学術）。
　現　在　東京未来大学こども心理学部専攻長・教授。
　主　著　『ワードマップコミュニティ心理学』（共著）新曜社、2019 年。
　　　　　『中学生のナーチュランスを形成する発達教育プログラム』（単著）
　　　　　風間書房、2012 年。

大　橋　　恵（おおはし・めぐみ）

東京大学大学院人文社会系研究科博士課程修了、東京大学博士（社会心理学）。
　現　在　東京未来大学こども心理学部教授。
　主　著　『集団心理学』（編著）サイエンス社、2021 年。
　　　　　『自ら挑戦する社会心理学』（共著）保育出版社、2014 年。

井梅由美子（いうめ・ゆみこ）

お茶の水女子大学大学院人間文化研究科博士後期課程単位取得退学。
　現　在　東京未来大学こども心理学部准教授。
　主　著　『保育と子ども家庭支援論』（共著）勁草書房、2020 年。
　　　　　『はじめて学ぶ心理学：心の形成・心の理解』（共編著）
　　　　　大学図書出版、2015 年。

※ 3 人の共著として、
　『スポーツで生き生き子育て＆親育ち』（福村出版、2019 年）
　『ジュニアスポーツコーチに伝えたいこと』（勁草書房、2018 年）
　がある。

部活動指導員ガイドブック［応用編］

2022年4月30日　初版第1刷発行　　　　　　　　　〈検印省略〉

定価はカバーに
表示しています

	藤　後　悦　子
編著者	大　橋　　　恵
	井　梅　由美子
発行者	杉　田　啓　三
印刷者	森　元　勝　夫

発行所　株式会社　ミネルヴァ書房
607-8494　京都市山科区日ノ岡堤谷町1
電話代表（075）581-5191
振替口座　01020-0-8076

©藤後・大橋・井梅ほか．2022　　　　　　モリモト印刷

ISBN978-4-623-09275-8
Printed in Japan

部活動指導員ガイドブック
［基礎編］

藤後悦子/大橋 恵/井梅由美子 編著

A5判美装カバー208頁　本体2,200円＋税

近年，学校部活動を支える人材として「部活動外部指導員」が注目されている。学校内で子どもを指導するためには，指導するスポーツや芸術の知識だけでなく，学校の規則や子どもの発達などに関する基礎知識も必要となる。「学校とはどのような組織か」「部活動の位置づけ」という基本事項の解説から始まり，段階を踏んで部活動指導員に必要な知識を得られる本書は，部活動指導員を志す初学者に最適な一冊である。

━━━━ ミネルヴァ書房 ━━━━

https://www.minervashobo.co.jp/